競技スポーツ別 ウエイトトレーニング マニュアル

有賀誠司著

はじめに

「バーベルの挙上重量はアップしたのに、スポーツのパフォーマンスが改善しない」、「筋肉が大きくなったら、動きのキレが悪くなってしまった」。スポーツ選手や指導者と接していると、日頃からこのような声を多く耳にします。現在、筋力トレーニングは、スポーツ選手の主要なトレーニング手段として広く普及し、積極的に実践されるようになりましたが、スポーツ現場では、筋力トレーニングが競技力向上に今ひとつ活かしきれていないのが実状のようです。

本書では、筋力トレーニングをスポーツのパフォーマンス向上へと橋渡しするための鍵となる「専門的エクササイズ」をメインテーマとし、効果的に実践するために必要な知識と実技について紹介します。前半の理論編では、専門的エクササイズに関する基礎知識や導入のためのノウハウ、動作と条件の設定方法等について解説し、後半の実技編では、スポーツの動作や種目に応じた専門的エクササイズの具体例を示しました。難解になりがちな理論編については図解を多用し、実技編については写真をふんだんに使用して、見ただけでも理解できるように努めました。

本書が、筋力トレーニングを実践するスポーツ現場の指導者や選手のために、また、これからトレーニング指導者を目指す人たちのために、少しでも役立てられることを祈念しております。

末筆ながら、本書の出版にあたり、多大なご配慮をいただきました体育とスポーツ出版社の鎌田勉氏と堤信夫氏、そしてモデルとしてご協力いただいた東海大学のスタッフの皆さんに心より感謝申し上げます。

2007年8月
有賀 誠司

本書の内容の実施にあたって

・本書で紹介したエクササイズやトレーニングプログラムは、その効果を保証するものではありません。本書の内容のいかなる運用結果についても、一切の責任を負いません。あらかじめご了承ください。
・トレーニングの実施にあたっては、運動の可否について医師の許可を得ることが必要です。また、事故や傷害の発生には十分にご注意ください。本書で紹介したトレーニングの実施に伴う事故や傷害については、一切の責任を負いません。あらかじめご了承ください。
・本書で紹介したエクササイズの効果を上げるためには、対象やレベルに合ったトレーニングプログラムが必要です。トレーニングプログラムの作成方法の詳細については、著者による以下の書籍をご参照ください。
1) 有賀誠司著「競技スポーツのためのウエイトトレーニング」体育とスポーツ出版社
2) 有賀誠司著「自分でつくる筋力トレーニングプログラム」山海堂

目次

はじめに／2

理論編
第1章　専門的エクササイズの実施にあたって　　　　7

1．パフォーマンス向上の鍵となる専門的エクササイズ　　　　8
1）専門的エクササイズとは／8
2）一般的エクササイズとの違い／8
3）専門的エクササイズはパフォーマンス向上への橋渡し役／9

2．導入前のチェックポイント　　　　10
1）一般的エクササイズによる体力基盤はできているか？／10
2）傷害発生のリスクは？／10
3）スポーツの基本動作が習得できているか？／11

3．年齢やレベル、競技に応じた実施ポイント　　　　11
1）高校期や初心者の場合〜一般的エクササイズを重点的に〜／11
2）大学・社会人期場合〜専門的エクササイズに移行〜／12
3）競技に応じた実施ポイント〜競技に必要とされる筋肉量や筋力を考慮する〜／12

第2章　専門的エクササイズの設定　　　　13

1．専門的エクササイズを設定するための基本原則〜特異性の原則〜　　　　14
1）特異性の原則とは／14
2）特異性の観点からみたエクササイズの4つのタイプ／14

2．専門的エクササイズの設定　　　　15
STEP 1：強化すべき動作の抽出と分析／15
1）強化したい競技動作を抽出する／15
2）強化対象となる競技動作を分析する／16

STEP 2：トレーニング動作の設定／18
1）既存の一般的エクササイズの中から選択する方法／18
2）新たにトレーニング動作を設定する方法／18

STEP 3：負荷手段の選択／19

STEP 4：トレーニング条件の設定／21
1）トレーニング条件を設定するためのポイント／21

2）トレーニング条件の設定の目安／23

3．プログラムにおける専門的エクササイズの順序、種目数とセット数 ... 24

4．競技シーズンに応じた展開 ... 25

5．トレーニング効果の把握 ... 26

実技編
第3章：代表的なスポーツ動作改善のための専門的エクササイズ（全63種目） ... 27

1．スプリント動作（16種目） ... 28
1）下肢のキック動作のパワー向上のためのエクササイズ（6種目）／29
2）下肢のプル動作改善のためのエクササイズ（1種目）／32
3）ハムストリングスと大臀筋の重点強化のためのエクササイズ（4種目）／32
4）腕振り動作と上半身の軸の安定性改善のためのエクササイズ（2種目）／34
5）体幹の姿勢支持力改善のためのエクササイズ（1種目）／35
6）スプリント動作そのものに負荷を加える全習型エクササイズ（1種目）／35
7）その他の方法（1種目）／36

2．ジャンプ動作（16種目） ... 37
1）筋力基盤の養成を目的としたエクササイズ（2種目）／37
2）爆発的パワーの向上を目的としたエクササイズ（2種目）／38
3）専門スポーツのジャンプ動作のパワー向上を目的としたエクササイズ（12種目）／39

3．投げる動作と打つ動作（18種目） ... 46
1）オーバーヘッド動作（11種目）／46
2）体幹の回旋動作（7種目）／51

4．方向転換動作（5種目） ... 54

5．着地動作（3種目） ... 57

6．側方への移動動作（サイドステップ動作）（3種目） ... 59

7．プッシュ動作（2種目） ... 61

第4章：スポーツ競技別の専門的エクササイズ（全142種目） ... 63

1．野球（23種目） ... 64
1) バッティング動作（10種目）／64
2) 投手や野手の投球動作（10種目）／69
3) 野手の守備動作（3種目）／73

2．サッカー（12種目） ... 75
1) 方向転換動作（4種目）／75
2) キック動作（2種目）／76
3) ヘディング動作（2種目）／79
4) スローイン動作（3種目）／79
5) ゴールキーパーの挙手動作（1種目）／80

3．バレーボール（15種目） ... 81
1) スパイク動作（8種目）／81
2) ブロック動作（4種目）／85
3) オーバーパス動作（1種目）／86
4) レシーブ動作（2種目）／87

4．バスケットボール（19種目） ... 88
1) リバウンド動作（5種目）／88
2) 方向転換動作（4種目）／90
3) サイドステップ動作（3種目）／92
4) チェストパス動作（3種目）／93
5) シュート動作（3種目）／95
6) ボールの保持力（1種目）／96

5．ラグビー（7種目） ... 97
1) スクラム動作（3種目）／97
2) 方向転換動作（2種目）／99
3) パス動作（2種目）／100

6．アメリカンフットボール（5種目） ... 101
1) ライン選手の動作（5種目）／101

7．テニス、バドミントン、卓球（6種目） ... 104
1) テニス（2種目）／104
2) バドミントン（2種目）／105

3）卓球（2種目）／106

8．柔道（19種目) 107
1）組み手（5種目）／107
2）立ち技の引き動作（6種目）／109
3）立ち技の体幹動作（4種目）／111
4）立ち技の足さばき（3種目）／113
5）柔道の代謝特性を考慮した専門的エクササイズ／115

9．打撃系格闘技（ボクシング、空手）（8種目) 116
1）パンチ動作（3種目）／116
2）キック動作（2種目）／117
3）フットワーク（3種目）／118

10．アルペンスキー（5種目) 121

11．スキージャンプ（8種目) 123
1）アプローチ局面（1種目）／123
2）サッツ局面（3種目）／124
3）空中局面（2種目）／125
4）着地局面（2種目）／126

12．スピードスケート（6種目) 127

13．カーレース（9種目) 130
1）ハンドル動作（2種目）／130
2）ペダル動作（4種目）／132
3）体幹の姿勢支持（2種目）／133
4）頭部の姿勢支持（1種目）／134

付録：スポーツ選手の基盤をつくる一般的エクササイズ／135
1．主要エクササイズ／135
2．補助エクササイズ／136

参考文献／142

理論編
第1章：専門的エクササイズの実施にあたって

　この章では、スポーツのパフォーマンス向上に役立つ専門的エクササイズの意義と役割について述べるとともに、導入に当たって配慮すべきポイントやプログラムの進め方について紹介します。

1．パフォーマンス向上の鍵となる専門的エクササイズ

1）専門的エクササイズとは？

本書で紹介する「専門的エクササイズ」とは、「スポーツのパフォーマンス向上を主目的として、専門スポーツの動作や要求される体力要素を考慮して実施される筋力トレーニングのエクササイズ（種目）」のことを指すものとします。他の呼称として、「専門的筋力トレーニング」がありますが、ここでは「専門的エクササイズ」の名称で統一します。

専門的エクササイズは、実際のスポーツ場面と関連の高い動作や条件で行われ、具体的には、砲丸投げのプッシュ動作のパワー向上を目的として、実際の砲丸の投射方向と同じ角度でダンベルを挙上するエクササイズ（ダンベルプッシュプレス）や、バレーボールのスパイクのパワー向上を目的として、スパイクと同じ動きでメディシンボールを投げるエクササイズ（ジャンプ＆オーバーヘッドスロー）といったものがあります。

砲丸投げのプッシュ動作のパワー向上を目的とした場合：実際の投射方向と同じ角度でダンベルを挙上するエクササイズ（ダンベルプッシュプレス）

バレーボールのスパイク動作のパワー向上を目的とした場合：実際のスパイクと同じ動きでメディシンボールを投げるエクササイズ（ジャンプ＆オーバーヘッドスロー）

写真1−1．スポーツのパフォーマンス向上を目的とした専門的エクササイズの例

2）一般的エクササイズとの違い

「専門的エクササイズ」に対して、「一般的エクササイズ」と呼ばれるエクササイズの分類があります。本書で紹介する「一般的エクササイズ」とは、専門スポーツの動作や要求される体力要素とは必ずしも関連したものではありませんが、「競技に必要なからだづくり（筋肉量の獲得）や、身体各部の筋力向上などを効率良く達成することを目的として実施される筋力トレーニングのエクササイズ」のことを指すものとします。

「一般的エクササイズ」の具体例としては、ベンチプレスやスクワットのようなポピュラーなエクササイズが挙げられます。これらのエクササイズでは、スポーツ選手の動きの原動力となっている、胸部や大腿部などの大筋群を部位ごとに重点的に強化したり、「押す」「立ち上がる」といった比較的単純な一般的動作の筋力を向上させたりする効果が期待できます。

「専門的エクササイズ」の場合、競技動作を再現した方法で行われることが多く、高負荷を使用するとケガが発生するリスクがありますが、「一般的エクササイズ」の場合には、筋力向上や筋肥大などの目的に応じて、最大挙上重量を扱ったり、最大反復まで追い込むことができるなど、負荷や回数を自由かつ的確に設定することが可能です。「一般的エクササイズ」は、「専門的エクササイズ」と比べて、より短期間で効率よく各部の最大筋力の向上や筋肥大の効果を上げることができるのです。

写真1−2．一般的エクササイズは、競技に必要な身体づくりや、各部の筋力向上を効率よく達成する効果が高い

一般的エクササイズ	専門的エクササイズ
・個々の筋肉の筋肥大や、各部位の筋力向上を効率よく達成できる ・比較的単純な一般的動作（押す、引く、立ち上がるなど）の最大筋力や最大パワーを効率よく高める効果が期待できる ・スポーツ動作のパフォーマンス向上に対しては、間接的な効果を発揮	・専門的スポーツの動作パワーの向上に直接的な効果を発揮 ・個々の筋肉や部位に対する筋肥大や筋力向上の効果は比較的低い

表1－1．一般的エクササイズと専門的エクササイズの特徴

3）専門的エクササイズはパフォーマンス向上への橋渡し役

スポーツ現場では、「重いバーベルは挙げられるようになったが、競技パフォーマンスが向上しない」といった声がよく聞かれますが、専門的エクササイズは、このような問題を解決するための鍵となるものです。

図1－1に、筋力トレーニングをスポーツのパフォーマンス向上に活かす過程について示しました。スポーツ選手の筋力トレーニングの最終目標は、競技パフォーマンスを向上させて、試合でよい結果を出すことであり、バレーボール選手の場合には、「スパイクやサーブの威力を高める」、「正確で長いトスが上げられるようにする」、「ボールが来た地点にすばやく移動してレシーブをする」などが具体的な目標となります。一方、スポーツ現場では、筋力トレーニングとしてベンチプレスやスクワットのような「一般的エクササイズ」が多く行われていますが、これらの挙上重量を高めただけでは、すぐにプレーのパフォーマンスが向上するわけではありません。プレーと関連のある動きや条件による「専門的エクササイズ」を実施することによって、一般的エクササイズで養成された個々の部位や単純な動作の筋力を、競技動作のパワー向上へと橋渡し（転化）することが必要なのです。

例えば、バレーボールのスパイクのパフォーマンスを高めたい場合には、メディシンボールを用いてスパイクの動きを再現した「専門的エクササイズ」を行うことによって、ベンチプレスやスクワットなどの「一般的エクササイズ」で培った各部位の筋力を、スパイクの動きの中でうまく活用できるようになり、結果としてスパイク動作のパワー向上に役立つことになります。

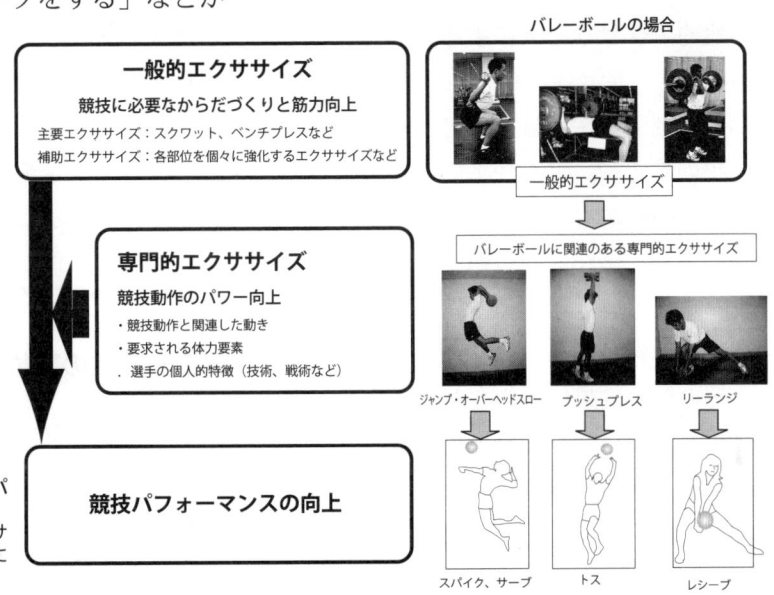

図1－1．筋力トレーニングを競技パフォーマンスに活かす過程（概念図）
専門的エクササイズは、一般的エクササイズの効果を競技パフォーマンスに橋渡しする役割を果たす

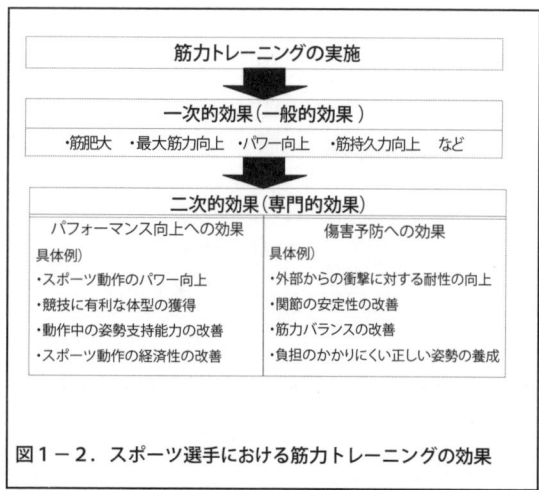

図1-2. スポーツ選手における筋力トレーニングの効果

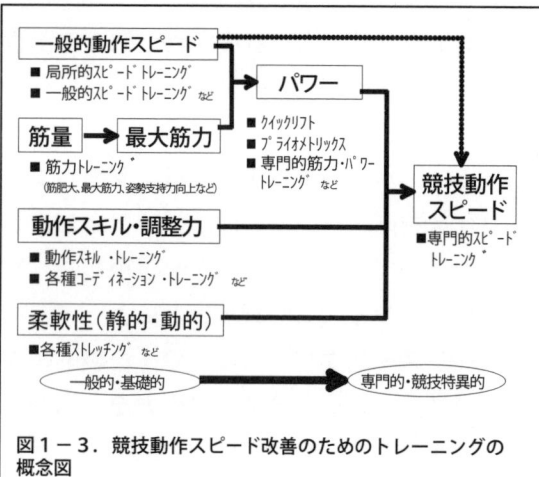

図1-3. 競技動作スピード改善のためのトレーニングの概念図

2. 導入前のチェックポイント

1) 一般的エクササイズによる体力基盤はできているか？

スポーツ選手の中には、自分が専門とするスポーツの動きや、よく使う筋肉を重点的に強化する専門的エクササイズだけを好んで行う人がいます。確かに、短期間のうちに競技パフォーマンスの向上に役立つ「即効的効果」が期待できる場合がありますが、ほとんどの場合、その後の効果は長続きせず、トレーニング効果が「頭打ち」になってしまうことが多いようです。

長期にわたってトレーニング効果を持続させ、高いレベルのパフォーマンスを目指すた

めには、専門的エクササイズだけを行うのではなく、スポーツ選手の基本的な身体機能（競技に必要な筋肉量や身体各部の筋力など）を効率よく高める効果が高い「一般的エクササイズ」をうまく組み合わせて実施することが重要です。

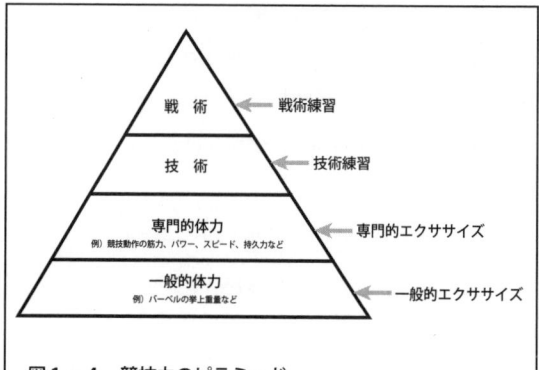

図1-4. 競技力のピラミッド
「専門的エクササイズ」は、競技パフォーマンスを向上させる効果が比較的高いが、効果が頭打ちになりやすい傾向にある。長期にわたってパフォーマンスを向上させるためには、スポーツ選手に必要な筋肉量を獲得し、身体各部の最大筋力を効率よく高める効果が高い「一般的エクササイズ」をうまく組み合わせることが必要である

2) 傷害発生のリスクは？

専門的エクササイズは、スポーツ動作に近い動きで行われることが多いため、特定の部位に大きな衝撃や負荷が加わり、傷害を引き起こす危険性が高い傾向にあります。例えば、ジャンプ力の向上を目的として、切り返しのすばやいスクワットを行った場合には、ゆっくりと切り返しを行った時と比べて、膝や体幹などにより大きな衝撃が加わります。このようなリスクを軽減し、専門的エクササイズ

表1-2. 専門的エクササイズのリスク

1.	トレーニング効果の頭打ち
2.	特定の部位への衝撃や負荷の増大
3.	筋力のアンバランスの助長
4.	フォームやパフォーマンスへの影響 例）異質な動作パターンの習慣化など

を安全に実施するためには、一般的エクササイズを通じて、一定レベルの筋力を養成しておくことが必要です。

3) スポーツの基本動作が習得できているか？

専門的エクササイズの動作は、実際の競技動作に近い動きで行われることが多いため、競技の正しい動作が習得できていない人の場合には、専門的エクササイズでも正しい動作を行うことができず、間違った動きを反復練習することにもなりかねません。これでは、競技に対してマイナスのトレーニングになってしまいます。

専門的エクササイズは、スポーツの基本的な技術を習得してから、本格的に導入することが望ましいといえます。

3. 年齢やレベル、競技に応じた実施ポイント

1) 高校期や初心者の場合 ～一般的エクササイズを重点的に～

専門的エクササイズの開始時期は、身長の伸びや骨の発育が落ち着き、高負荷を用いた筋力トレーニングが本格的に実施できるようになる高校入学後を目安にするとよいでしょう。ただし、高校期には、競技に必要な筋量や筋力を養成することを主目的とした一般的エクササイズを重点的に行い、専門的エクササイズは無理のない範囲にとどめておきます。

高校スポーツ選手が、専門的エクササイズを安全かつ効果的に実施するために必要な一般的エクササイズの筋力目標値は、男子の場合、ベンチプレスで体重の1.0倍、スクワットで体重の1.5倍程度を目安にするとよいでしょう。

大学や社会人期であっても、筋力トレーニングの経験がなく、これからトレーニングを

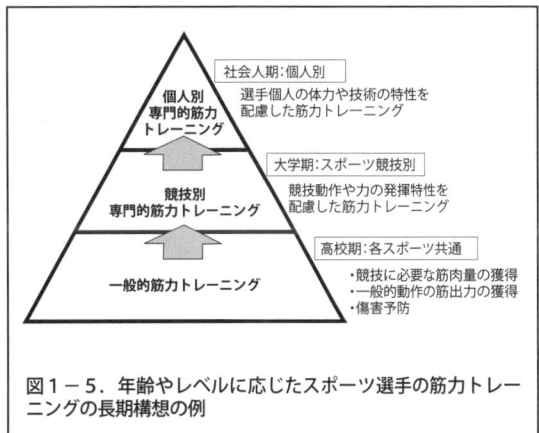

図1-5. 年齢やレベルに応じたスポーツ選手の筋力トレーニングの長期構想の例

開始する選手の場合には、高校期と同様に一般的エクササイズを重点的に行い、一定レベルの筋力をバランス良く養成しておくことが必要です。

表1-3. 高校スポーツ選手（球技種目）の一般的エクササイズの目標値の設定例

	男子	女子
ベンチプレス	体重の1.0倍	体重の0.8倍
スクワット	体重の1.5倍	体重の1.2倍
パワークリーン	体重の0.8倍	体重の0.7倍

表内の数値は最大挙上重量

コラム：トップ選手のトレーニング法

成功したトップ選手のトレーニング法がテレビや雑誌で紹介されると、ジュニア選手がすぐに真似をしようとする傾向があります。ほとんどの場合、トレーニング効果は上がらず、無理なトレーニングがたたってケガをしてしまうこともあります。

トップ選手のトレーニング法には、長い年月をかけて築き上げられた独自の技術や競技スタイルが色濃く反映されており、選手自身の体型や体力、考え方などキャラクターのすべてが凝縮されたものであるといえます。このようなトレーニング法を、他の選手がそのまま真似をしても、十分なトレーニング効果を期待することはできないのです。

トップ選手のトレーニング風景を見ること

> は、ジュニア選手にとって良い刺激となりますが、トレーニング方法については、レベルや目的に応じて取捨選択したり、アレンジしたりすることが必要なのです。

2）大学・社会人期の場合　～専門的エクササイズに移行～

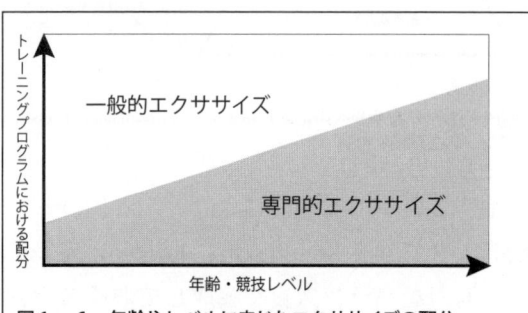

図1－6．年齢やレベルに応じたエクササイズの配分
年齢や競技レベルが高くなるにつれて、トレーニングプログラムにおける専門的エクササイズの割合を増やしていく

　大学・社会人期には、高校期に養成した筋力基盤をもとにして、専門スポーツの特性や選手個人の特性に応じた専門的エクササイズを重視したプログラムへと移行し、さらなる競技パフォーマンスの向上を目指します。

　大学・社会人期には、高校期に比べてパフォーマンス向上のペースがゆるやかになり、トレーナビリティー（トレーニングによって向上する可能性）も減退する傾向にあります。そこで、専門的エクササイズの導入にあたっては、選手の特性や、現在の技術・戦術的課題、パフォーマンス向上の妨げになっている要因などについて十分に分析し、トレーニング課題に優先順位をつけることが必要となります。ベテラン選手の場合には、長年の経験に基づく独自の技術や競技スタイルについても配慮することが必要です。

3）競技に応じた実施ポイント～競技に必要とされる筋肉量や筋力を考慮する～

　専門的エクササイズを効果的に実施するために必要な筋肉量や筋力は、競技種目によって異なります。例えば、陸上長距離種目のような持久型競技の場合には、大きな筋肉量や最大筋力は必要としないため、比較的低めの筋力目標値をクリアすれば、専門的エクササイズを支障なく実施でき、一般的エクササイズは維持程度でも問題ありません。一方、アメリカンフットボールのライン選手の場合には、非常に大きな筋肉量と最大筋力が必要とされるため、大学や社会人期になっても、さらなる筋肥大や最大筋力の向上を図るための一般的エクササイズを継続的に実施していく必要があります。

　柔道やレスリングのように体重制限のある競技の場合には、筋肉量は所属階級の体重上限の範囲内に抑えた上で、動作パワーを高めるトレーニングが必要となります。また、同じ競技でもポジションによって要求される形態や体力が違うことに配慮することも必要です。例えば、ラグビーでは、スクラムの前方に位置するフォワードの選手の場合、バックスの選手に比べて、より多くの筋肉量や高い最大筋力が要求されます。

　専門的エクササイズを導入するタイミングや内容を検討する際には、表1－4のように各競技に必要とされる筋肉量や筋力レベルを考慮することが必要です。

競技種目	一般的エクササイズの指針	一般的エクササイズの筋力目標設定例（男子） ベンチプレス1RM	スクワット1RM
陸上投てき、アメリカンフットボール（ライン）、ラグビー（フォワード）、アイスホッケー、相撲、柔道、レスリング（重量級）	大きな筋肉量と最大パワーを追求	体重の1.5倍以上	体重の2.0倍以上
野球、サッカー、バレーボール、テニス、バスケットボール、ラグビー（バックス）、アルペンスキー	中程度の筋肉量と最大パワーを追求	体重の1.2～1.5倍	体重の1.5～2.0倍
スキージャンプ、ボクシング、打撃系格闘技、柔道・レスリング（軽量級）、体操競技、フィギュアスケート	必要な範囲内に筋肥大を抑え、最大パワーを追求	体重の1.0～1.2倍	体重の1.2～1.5倍
陸上長距離、スキークロスカントリー、トライアスロン	必要な範囲内に筋肥大を抑え、必要レベルの筋力及びパワー獲得を目指す	体重の0.8～1.0倍	体重の1.0～1.5倍

表1－4．競技別の一般的エクササイズの指針と目標設定例

第2章：専門的エクササイズの設定

この章では、専門的エクササイズの効果を確実に上げるための動作や条件の設定方法について紹介します。

1．専門的エクササイズを設定するための基本原則
～特異性の原則～

1）特異性の原則とは？

特異性の原則（SAID の原則）

Specific Adaptation to Imposed Demands
身体は課せられた要求に対して特異的に適応する

⬇

専門的エクササイズの効果を高めるためには
・改善したい競技局面と
・要求される体力特性
に適した動作や条件に設定することが重要

図2−1．専門的エクササイズの設定は特異性の原則に従う

トレーニングの効果は、実施したトレーニング内容にきわめて近い形で、限定的に現れる性質を持っており、これを「特異性の原則」と呼んでいます。特定のスポーツ動作のパフォーマンス向上を目的とした専門的エクササイズの効果を高めるためには、改善したい競技動作と、要求される体力特性とを分析し、これらに適した動作や条件でトレーニングを実施することが重要です。

例えば、ベンチプレスを行った場合、上半身の押す動きの筋力を高めることはできますが、ボールを投げる動作のパワーを直接的に向上させることはできません。ボールを投げる動作のパワーを高めたい場合には、この動きを再現したエクササイズを通じて、ボールを投げる動作で発揮される筋の出力パターンを神経系に学習させ、動作そのもののパワーの向上を図ることが不可欠なのです。

2）特異性の観点からみたエクササイズの4つのタイプ

スポーツ現場で成果を上げてきた専門的エクササイズには、選手や指導者の独自の工夫によって編み出され、経験的に行われてきたものが多くみられます。専門的エクササイズを実際にプログラムに導入し、対象や目的、シーズンなどに応じて計画的に展開していくためには、経験に頼るだけではなく、専門的エクササイズについて体系的に理解しておく必要があります。

図2−2は、スポーツの特異性の観点から、エクササイズを4つのタイプに分類したもの

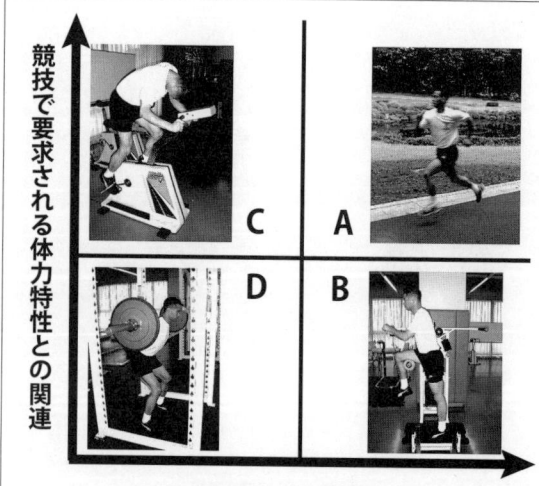

例）陸上 400m 種目の場合

A タイプ：300m 坂上り走
B タイプ：股関節伸展動作の筋力強化
C タイプ：高負荷で30秒間全力ペダリング
D タイプ：バーベルによる高負荷スクワット

図2−2．専門スポーツとの関連に基づくエクササイズの4つのタイプ
実際の競技とエクササイズとの関連を整理しておくと、専門的エクササイズの選択やプログラムの長期的展開を決定する際に役立つ

です。このようなエクササイズの分類は、選手のレベルや目的に応じたエクササイズの設定や、シーズンの進行に伴うエクササイズの変更などを行う際に役立ちます。例えば、オフシーズンの準備期には、最初にＤタイプのエクササイズを実施し、試合シーズンが近づくにつれて、ＢまたはＣタイプのエクササイズを経て、Ａタイプのエクササイズへと移行していくと、特異性の低いタイプから高いタイプへとエクササイズの選択を行うことができます。

図２－３は、テニスのストローク動作のパワーを高めるための代表的なエクササイズについて、動作や条件の観点から特異性のレベルについて分析したものです。テニスのストローク動作のパワー向上のエクササイズとして、ダンベルフライはＤタイプ、メディシンボールによるツイストスローはＡタイプに分類されます。

エクササイズ名：ダンベルフライ
対象：テニス選手
目的：ストローク動作で使用される大胸筋の強化
内容：10RM×８回×３セット

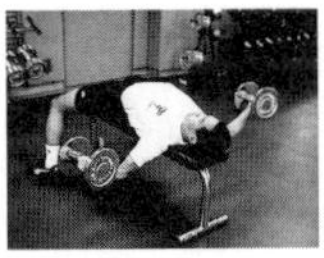

動作の特異性

項目	評価（５段階）
動作パターン	3
体重荷重	1
運動方向	3
運動部位	4
運動範囲	4
使用器具	2
評　価	3

条件の特異性

項目		評価（５段階）
負荷	大きさ	2
	抵抗方式	3
速度	大きさ	2
	変化パターン	2
時間	持続時間	2
	休息時間	2
	パターン（持続的か断続的か）	2
エネルギー供給機構		2
筋収縮タイプ		4
評　価		2

総合評価：Ｄ

図２－３－ａ．エクササイズの特異性の評価例

エクササイズ名：メディシンボールによるツイストスロー
対象：テニス選手
目的：ストローク動作のパワー向上
内容：２kg のメディシンボールを用いて 10 回 × ３セット

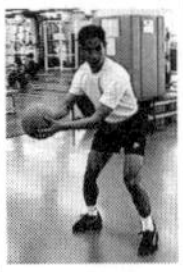

動作の特異性

項目	評価（５段階）
動作パターン	5
体重荷重	5
運動方向	5
運動部位	5
運動範囲	5
使用器具	4
評　価	5

条件の特異性

項目		評価（５段階）
負荷	大きさ	4
	抵抗方式	4
速度	大きさ	4
	変化パターン	4
時間	持続時間	4
	休息時間	4
	パターン（持続的か断続的か）	4
エネルギー供給機構		5
筋収縮タイプ		5
評　価		4

総合評価：Ａ

図２－３－ｂ．エクササイズの特異性の評価例

２．専門的エクササイズの設定

専門的エクササイズの動作や条件の設定は、図２－４のような手順で行います。設定方法の詳細について、ステップごとに紹介します。

STEP1：強化課題の抽出・分析
・特に改善したい動作は？　個人の形態・体力、技術・戦術の課題は？
・ビデオなどによる動作分析、選手やコーチの意見収集

STEP2：トレーニング動作の決定
・既存のエクリサイズの中から選択する方法
（実際の動作や使用筋群との関連が高いもの）
・競技動作を再現した動作を新たに設定する方法

STEP3：負荷手段の選択
・競技動作の特性に応じてトレーニングで用いる適切な負荷手段を選択

STEP4：負荷、回数などの条件設定
・動作形態やトレーニング目的などに応じて検討
・競技動作パワー、筋持久力、耐乳酸能力の向上などを目的とする

図２－４．専門的エクササイズの設定手段

ＳＴＥＰ１：強化課題の抽出と分析

１）強化すべき動作と個人的課題の抽出

①強化すべき動作の抽出

専門的エクササイズを設定するための最初の作業は、「スポーツのどんな動きを強化するのか？」を明確にすることです。陸上競技やスピードスケートのように特定の動きを反復する動作の場合には、強化対象が比較的限定されていますが、球技種目については、きわめて多様な動作がみられるため、強化すべき動きを絞り込む必要があります。例えば、バ

レーボールの場合には、さまざまなプレーの中から、パワーやスピードを改善したい動作として、サーブ、スパイク、ブロック、トス、レシーブといった動作を抽出します。

②個人的課題の抽出
a．形態・体力の課題

専門のスポーツ種目において、目標とするパフォーマンスを発揮するために必要な形態や体力が備わっているか、また、どんな体力要素をどのレベルまで改善すべきかについて検討します。

b．技術・戦術の課題

多くのトレーニング目標を同時に達成することは、きわめて困難なことです。そこで、選手個人の特徴や、「この選手はこのプレーがうまくなれば代表選手になれる」といった、技術・戦術的課題を抽出し、重点的に強化すべき動作や体力要素を絞り込むようにします。

2）強化対象となる競技動作を分析する

強化すべき動作が特定できたら、該当する競技動作について、実際の練習や試合を観察したり、ビデオ映像や連続写真などを用いたり、選手自身に動きを再現してもらったりしながら、次のような観点で分析します。

①身体各部の動きと動作パターンは？

競技動作中に力を発揮する方向や、身体各部の動きについて観察します。例えば、砲丸投げの場合には、砲丸を投射する角度や軌道から、実際のトレーニングで力を発揮する方向を決定します。

その他、競技動作特有の動作パターンとして、体重支持の形態（両脚支持、片脚支持、空中での動作など）、左右の動作パターン（左右同時、左右交互、片側のみなど）、パワーの

表2-1．トレーニングプログラム作成のために収集すべき情報

選手に関する情報	競技に関する情報
（1）一般的情報 ①氏名、年齢、性別、居住地、連絡先など （2）競技に関する情報 ①専門種目、競技歴 ②出場する試合の日程 ③練習や合宿・遠征の日程 ④競技の目標（目標とする試合や順位、団体競技の場合にはチーム全体の目標など） ⑤技術・戦術の課題 （3）トレーニング環境に関する情報 ①生活状況（仕事、学業、睡眠など） ②食事状況（食事内容、サプリメントの使用など） ③練習とトレーニングの環境（トレーニング施設、トレーニング器具、トレーニングの実施可能時間） （4）形態と体力に関する情報 ①過去の形態測定データ ②過去の体力測定データ ③これまでの形態と体力の課題 （5）傷害に関する情報 ①整形外科的傷害歴 ②その他（内科的疾患など） （6）その他 ①筋力トレーニングの経験度・理解度 ②心理的特性 ③自己管理能力 ④選手やコーチの希望など	（1）一般的情報 ①競技規則 ②使用する用具（ボール、ラケットなど） ③ウエア ④気象条件や競技場（温度、湿度、風、サーフェイスなど） ⑤国内・国外の主要試合日程 （2）必要とされる形態 ①トップ選手の形態 ②ポジション別に必要とされる形態（身長、体重、体脂肪率、筋肉量など） （3）競技動作の特性 ①強化すべき動作や局面 ②動作パターン ③主働筋 ④動作範囲など （4）競技で要求される体力特性 ①動作中に加わる負荷 ②実際の動作スピード ③動作の所要時間とエネルギー供給機構 ④筋活動タイプ ⑤トップ選手の体力特性、ポジション別の体力特性など （5）競技で起こりやすい傷害 ①起こりやすい傷害 ②傷害発生のメカニズム

伝達パターン（下肢から上肢へ、上肢から下肢へなど）についても観察します。

②姿勢や関節角度、可動域は？

　競技動作中の姿勢や重心位置について検討します。例えば、すもうの「突っ張り」の動作では、直立姿勢で上肢は正面に押す動作を行い、アルペンスキーのターン動作では、しゃがんで斜めに傾いた姿勢で下肢は横斜め下方向に蹴る力を発揮しています。このような情報をもとにして、エクササイズの動作中の姿勢を決定します。

　競技動作中に力を発揮する関節角度や動作の可動域についての分析も必要です。例えば、野球のキャッチャーは、相手チームの一塁ランナーが盗塁した場合、完全に膝を曲げてしゃがみ込んだ姿勢から素早く立ち上がって二塁に送球する動作を行います。一方、陸上競技の走り高跳びやバスケットボールのランニングシュートの踏切脚の膝関節角度は軽く曲げた程度になっています。

運動パターン	ディフェンス・ポジションでの横方向への移動
主な関節運動と筋収縮タイプ	＜蹴り局面＞ 前方脚：股関節外転・伸展、膝関節伸展（コンセントリック） 後方脚：股関節外転・伸展、膝関節伸展（コンセントリック） ＜着地局面＞ 前方脚：股関節内転・屈曲、膝関節屈曲（エキセントリック） 後方脚：股関節内転・屈曲、膝関節屈曲（エキセントリック） ＜動作全体＞ 体幹部：脊柱は一定姿勢保持（アイソメトリック） 肩関節：ハンズアップ姿勢（外転位）を保持（アイソメトリック）
主な使用部位	＜下肢＞大臀筋、中臀筋、ハムストリングス、大腿四頭筋、内転筋群、下腿三頭筋、前脛骨筋 ＜上肢＞三角筋、上腕三頭筋、上腕二頭筋 ＜体幹＞腹直筋、脊柱起立筋群
力を発揮する方向	重心：側方へ水平移動 後方脚：股関節の外転及び、股関節と膝関節の伸展による側方へのキック動作
パワー発揮特性	方向転換時には、エキセントリック→コンセントリックへの素早い転換（ストレッチ・ショートニングサイクル）が重要
エネルギー供給機構	ATP-PC系（最大スピード持続時間10秒以内）
傷害との関連	動作中に膝が内側に入るとACL損傷など膝の傷害の危険性あり腰痛予防のため、体幹部は骨盤前傾で脊柱姿勢保持

表2−3．専門的エクササイズの設定のために実施した詳細な動作分析の例（バスケットボールのディフェンスのサイドステップ動作の場合）

③特に使用される筋肉は？

　競技動作を分析し、特に使用される筋肉（主働筋）について把握します。例えば、砲丸投げの場合には、斜め前上方に砲丸を押し出す動作を行うことから、大胸筋の上部や三角筋の筋力強化が必要であり、野球のバッティング動作やゴルフのスイング動作では体幹の回旋が行われることから、外腹斜筋を中心とした体幹の筋力強化が必要となります。その他、主働筋とともに働く共働筋や、姿勢を保持するための筋などについても分析し、強化すべき部位を検討するための資料とします。

> **コラム‥選手とともに創り上げていく醍醐味**
>
> 　専門的エクササイズの動作や条件の設定方法には、本書で示すような原則やガイドラインがあり、これに則ってトレーニング方法を検討していけば、失敗する確率は低くなります。しかし、どんなに知恵を絞って考え抜いたトレーニング方法でも、選手が実際に行なってみるとうまくいかないことが多いのです。
>
> 　トップ選手の競技用のシューズをオーダーメイドする過程を考えてみましょう。最初に、選手の足形をとり、選手の要望を聞いた上で

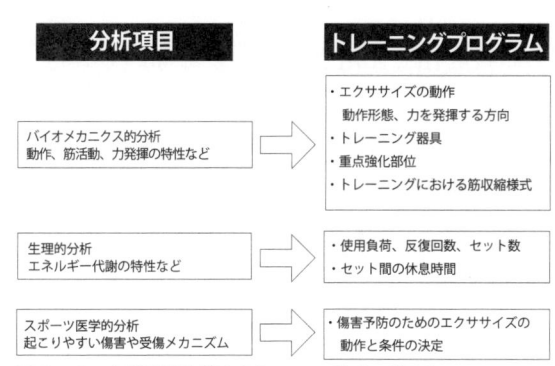
図2−5．各種分析と筋力トレーニングプログラム

- ①身体各部の動きと動作パターン
  - ・力を発揮する方向
  - ・身体各部位の軌道
  - ・特徴的な動作パターン
    　体重の支持形態、左右の動作パターン、パワーの伝達パターンなど
- ②姿勢や関節角度、動作の可動域
- ③使用される筋肉
    　動作中の主働筋と共同筋、姿勢支持筋など

表2-2．トレーニング動作決定のための競技動作の分析

試作品を作ります。この試作品を選手に履いて試してもらい、形状や固さ、通気性など、さまざまな部分の微調整を何回も繰り返して、シューズの完成度が高まっていきます。選手に合った専門的エクササイズを考案する過程も、これとよく似ています。選手のニーズや競技特性を熟慮して作り上げたエクササイズであっても、選手に試してもらうと、「実際の動きとは感覚が違う」、「どうも違和感がある」といった感想が聞かれることがあります。このような選手の感想や要望に応じて、エクササイズの内容に調整を加えては試してもらう作業を繰り返すことによって、その選手にとって本当に効果的なエクササイズへと仕上がっていくのです。

また、どんなに効果的なエクササイズでも、末永く良好な効果が上がり続けるわけではありません。選手の技術や戦術は、競技経験や年齢を重ねるにつれて、どんどん進化していきます。トレーニング方法についても、これに応じて変化させていかなければならないのです。

効果的なエクササイズを考案する過程は、選手とともに行なう「創造」といえるものであり、多くの時間と労力を要するものではありますが、パフォーマンスが向上したときには、大きな喜びと醍醐味が実感できるものなのです。

STEP2：トレーニング動作の設定

強化対象となる動きが分析できたら、実際の競技動作の特徴を配慮してトレーニング動作を決定します。トレーニング動作の設定方法には次のような種類があります。

1）既存の一般的エクササイズの中から選択する方法

①競技動作と関連のある動きの一般的エクササイズ

一般的に実施されている既存のエクササイズの中で、実際の競技動作と関連のある動きを含むものを選択する方法です。具体例としては、テニスのストローク動作の上肢の動きのパワーを向上させたい場合にダンベルフライを選択する方法、バレーボールのスパイク動作の腕の動きのパワーを強化したい場合にダンベルによるプルオーバーを選択する方法、などがあります。

実際の競技動作中の体重支持の形態（両脚支持、片脚支持、空中での動作など）、左右の動作パターン（左右同時、左右交互、片側のみ）、などによって、既存のエクササイズの動作にバリエーションを加える方法も効果的です。具体例としては、実際の競技場面において片脚で動作が行われる場合には、両脚支持ではなく片脚支持の姿勢で各種エクササイズを行う方法、空手の突き動作のように片手は押す動作を行い、反対側は引く動作を行うような場合には、ダンベルベンチプレスを左右交互に行う方法などがあります。

②競技動作で使用される主要な筋肉を強化する一般的エクササイズ

実際の競技動作で使用される主働筋や共働筋を、個別に強化するエクササイズを選択する方法です。具体例としては、砲丸投げ選手の場合には、大胸筋上部を強化するためのイ

表2－4．専門的エクササイズの動作の設定方法

既存の一般的エクササイズの中から選択する方法
①競技動作と関連のある動作のエクササイズ
例）投動作：プルオーバー、切り返し動作：ランジ、テニスのストローク動作：ダンベルフライ
②競技動作で特に使用される筋を強化するエクササイズ
例）砲丸投げ：大胸筋上部を強化するインクラインベンチプレス

新たに競技動作を再現したトレーニング動作を設定する方法
①分習型エクササイズ：競技動作の特定の局面や部位の動きを再現
例）野球のバッティング動作の上肢の動作のみを再現したエクササイズ
②全習型エクササイズ：実際の競技動作全体を再現
例）メディシンボールを用いてバレーボールのスパイク動作全体を行なう

ンクラインベンチプレスを、ラグビー選手やレスリング選手が頸周辺の筋を強化するためにネックエクステンションを選択する方法などがあります。

2）新たにトレーニング動作を設定する方法
①分習型エクササイズ
競技動作の特定の局面や部位の動きを再現したエクササイズです。具体例としては、野球のバッティング動作の上肢の動きのみをプーリーを使用して再現する方法や、バレーボールのスパイクの上肢の動きのみをメディシンボールを用いて再現する方法などがあります。

②全習型エクササイズ
実際の競技動作全体を再現したエクササイズです。具体例としては、バレーボールのスパイクのパワーを高めることを目的として、実際の動作全体（助走→ジャンプ→ボールを打つ動作）をメディシンボールを用いて再現する方法、スプリント動作のパワーを高めることを目的として、ウエストに接続したスレッド（そり）を負荷にして全力疾走する方法などがあります。

ＳＴＥＰ３：負荷手段の選択

多種多様な競技動作を再現した専門的エクササイズにおいて、適切な負荷を加えるためには、トレーニング動作中に負荷の加わる方向や軌道などが、実際の競技動作とマッチした負荷手段を選択することが必要です。トレーニングで用いる負荷抵抗の特性についても、実際の競技場面と合ったものを選択することが大切です。例えば、可変抵抗方式のトレーニングマシンを使用した場合には、ポジションによって負荷が変化することに注意を払う必要があります。また、チューブを使用した場合には、チューブが伸びるに従って負荷が大きくなる点に配慮します。

専門的エクササイズを効果的に実施するための代表的な負荷手段と選択方法について以下に紹介します。

バーベル

ダンベル

メディシンボール

プーリー

ウエイトジャケット

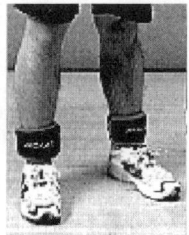
ウエイトベルト

踏み台（ボックス）

競技動作をシュミレートしたマシン

図２－６．専門的エクササイズの負荷手段の例

①メディシンボール（1〜5kgのボール）

競技動作を再現しやすく、曲線軌道の動作にも対応可能な負荷手段です。投げることができるため、動作の終末局面でも減速しない利点があります。

②プーリー

フリーウエイトでは重力の影響によって負荷をかけにくい、「水平方向への動き」にも対応可能な負荷手段です。

③ウエイトジャケット、ウエイトベルト

体重を重くしたり、身体の一部を重くする効果が期待できるトレーニング器具です。バーベルやダンベルのようにウエイトを手で保持したり肩に担いだりする必要がないため、動きの制約が少ない利点があります。

④腰に付けた負荷を牽引する方法、踏み台・階段・坂道を利用する方法

ランニング動作やステップ動作など、身体の重心移動方向に対応した負荷をかけやすい負荷手段です。

⑤スポーツ用具を重くする方法

ラケットやバットのようなスポーツ用具を使用したスポーツの場合、スポーツ用具に負荷を加える方法が適用できます。負荷を重くしすぎたり、用具の重心分布を変えたりすると、フォームや運動感覚の乱れが生じることがあるので注意が必要です。

1. パワーを発揮する方向への対応
例）水平や斜め方向への動作の場合：プーリーやメディシンボールを使用

2. 動作の軌道への対応
例）軌道が曲線の場合：メディシンボールを使用

3. 身体重心の移動方向への対応
例）踏み台、プーリー、ウエイトジャケットなどを使用

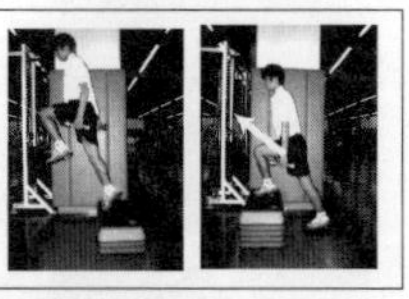

図2-7. 各種トレーニング動作と負荷手段の選択
多様な競技動作に合わせて適切な負荷手段を選択することが必要

バッティング動作の体幹の回旋力強化

バレーボールのスパイクやサーブの動作パワー向上

図2-8. メディシンボールを用いたエクササイズ
メディシンボールは、競技動作を再現するための負荷手段としてすぐれている

図2-9. ダンベルフライの動作中に負荷の加わる方向
専門的エクササイズの動作の設定にあたっては、実際の競技動作で力を発揮する方向とトレーニング動作中に負荷が加わる方向を関連づけることが必要

図2-10. トレーニング動作中に負荷の加わる方向
砲丸投げ動作では斜め上前方にプッシュする動作が行なわれるが、ダンベルでこの動作を再現すると（写真右）、負荷が下方向に作用するために、実際とは異なる方向に力を発揮したり、違う部位の筋肉を動員したりすることになってしまう。左写真のようなマシンを使用すると、力を発揮する方向と負荷の方向を適合させることができる

コラム：チューブは使えないのか？

チューブは、伸ばせば伸ばすほど負荷が大きくなる性質を持っています。ジャンプ動作のように、しゃがんだ姿勢から足が床から離れるまでに加速する動作に対してチューブを負荷として使用した場合には、動作後半で加速を抑制する作用が生じます。このようなトレーニングでは、実際のジャンプ動作とは異なる神経や筋の動員パターンがインプットされることになり、「特異性の原則」からみて、パフォーマンス向上のための専門的エクササイズとしては適切とは言えません。

このようなことから、専門的エクササイズの負荷手段としてチューブは「使えないもの」として位置づけられることが多いのですが、本当に使い道がないのでしょうか？ ジャンプのような「加速動作」ではなく、球技にみられる「減速動作」や、体操競技の着地にみられる「停止動作」の負荷手段としては大いに使えるのです。例えば、サイドランジを行なう際に、開始姿勢でチューブを十分に引っ張った状態で腰の部分に負荷をかけておけば、横方向にステップする際にチューブが加速をアシストしてくれるため、着地時により強い負荷を加えることができるのです。

その他、チューブは、実際の競技動作の時に加わる負荷を軽減させる「アシスティッド・トレーニング」の手段として利用することもできます。例えば、長いチューブを腰につけて前方に引っ張った状態でダッシュを行なえば、通常よりも速いスピードを経験することができ、スピード能力向上の効果を期待することができます。

チューブの使い道として、チューブが伸びる時の負荷を利用することに固執すると「使えないもの」になってしまいますが、「逆転の発想」をして、チューブが縮む時の性質を利用すれば、一転して有効なトレーニング手段となりうるのです。

STEP4：トレーニング条件の設定
1）トレーニング条件を設定するためのポイント

専門的エクササイズの負荷や回数などの条件は、エクササイズの動作形態やトレーニング目的によって大きく異なります。条件の設定にあたっては、以下のような点に配慮します。

表2-5．トレーニング条件決定のために配慮すべき点
① 負荷
　実際の競技場面で加わる負荷の大きさ
② 力の発揮特性と動作スピード
　爆発的な力発揮（急激な加速）、ゆっくりとした力発揮（緩やかな加速）、最大スピード大きさ、スピードの変化（加速・減速など）
③ 運動時間（代謝特性）
　運動時間と動員されるエネルギー供給機構
　力の発揮形態（持続的か、継続的か）
④ 筋収縮特性
　動員中の筋収縮様式

① 運動中に加わる負荷の大きさや特性

実際の競技場面で加わる負荷の大きさを把握し、動作パワーの向上を目的とした場合には、実際の競技場面で加わる負荷よりもやや強めの負荷（オーバーロード）をかけるようにします。負荷が強すぎた場合には、フォームが崩れる、強い負荷条件に適応したフォームや運動感覚が形成されてしまう、特定の部位に過剰な負担がかかりケガが発生する、などの危険性があるので注意が必要です。

なお、トレーニング目的に応じて、表2-7のように、動作スピードを高めることを目的として、実際の競技場面で加わる負荷よりも軽い負荷を用いる方法（アシスティッド・

表2-6．動作中に加わる負荷の大きさによるパワーの分類

分類	負荷	スピード	具体例
ローギア・パワー	高	低速	パワーリフティング、ラグビーのスクラム
ミドルギア・パワー	中	中速	ハンドボールの遠投
ハイギア・パワー	低	高速	野球の投球時の腕振り動作、ボクシングのパンチ（相手に当たるまでの局面）

表2-7. トレーニング負荷の設定

- オーバーロード（レジスティッド・トレーニング）
  実際よりもやや大きい負荷に設定（筋力・パワー向上）
- アンダーロード（アシスティッド・トレーニング）
  実際よりもやや小さい負荷に設定（スピード向上）
- コントラスト法
  同一エクササイズについて高負荷の反復を行なった直後に低負荷での反復を行なう方法
- コンプレックス法
  高負荷による反復を行なった後、動作形態が類似した他のエクササイズで低負荷による爆発的な動作の反復を行なう方法

トレーニング）や、負荷に変化をつける方法（コントラスト法、コンプレックス法）などがあり、用途に応じて選択します。

②力の発揮特性と動作スピード

　専門的エクササイズの動作スピードを決定する際には、実際の競技動作で行われる力の発揮特性や、動作スピードの大きさ及び変化を考慮することが必要です。例えば、ジャンプの踏切動作の場合、力の発揮が短時間の間に全力で行われることから、トレーニングにおいては、できるだけすばやく爆発的に動作を行うようにします。

　一方、球技にみられるダッシュからのストップや方向転換、ジャンプからの着地などでは、動作スピードを減速させる能力が要求されるため、トレーニングにおいてもこれを再現した動作を行うことが必要となります。

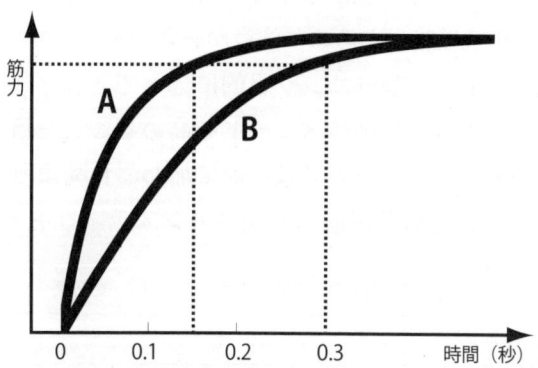

図2-11. 力の発揮特性の具体例
A: 力の立ち上がりが速い（急速な加速）、B: 力の立ち上がりが遅い（緩やかな加速）
※ RFD:Rate of Force Development で評価される

表2-8. トレーニングの動作スピードの設定にあたっての配慮

- 競技動作における動作スピードの大きさ
- 競技における動作スピードの変化
  ―加速・減速・停止
  ―急激な加速・減速、緩やかな加速・減速
- トレーニング動作中には、スティッキングポイント付近で、動作が減速してしまう点に注意

③筋収縮特性

　スポーツの競技場面では、さまざまな種類の筋収縮形態がみられます。例えば、体操競技の着地や、球技におけるダッシュからの方向転換やストップ、ボールのキャッチなどでは、筋肉が引き伸ばされながら力を発揮する伸張性収縮が起こります。また、爆発的なパワー発揮の際には、伸張性収縮から短縮性収縮にすばやく切り返す「伸張－短縮サイクル(Stretch-shortening cycle: SSC)」と呼ばれる「伸張反射」を伴う筋収縮パターンが重要となります。また、射撃やアーチェリーのように一定の姿勢を維持し続けなければならない競技の場合には、等尺性収縮が要求されます。

　運動中には、部位によって筋収縮タイプが異なることにも考慮する必要があります。例えば、ジャンプの動作中には、大腿部や臀部の筋肉は動的に収縮していますが、体幹周辺の筋群は、正しい姿勢を維持するために静的な収縮（等尺性収縮）を行っています。

表2-9. 競技動作中の筋収縮タイプ

筋収縮タイプ	関連のある動作例
短縮性収縮	静止状態からのジャンプ
伸張性収縮	ジャンプからの着地、ダッシュからの停止
等尺性収縮	一定姿勢の維持
伸張－短縮サイクル	方向転換動作
等速性収縮（運動）	水中運動

④代謝特性

　専門的エクササイズの条件設定にあたっては、強化すべき動作の所要時間やエネルギー供給機構への配慮が必要となります。実際の競技におけるパワー発揮の大きさ（最大に対する割合）、パワー発揮の持続時間、パワー発揮の持続形態（継続的か断続的か）などについて検討し、これをもとにしてトレーニングにおける反復回数や、動作のテンポ、1セットの所要時間、セット間の休息時間などの条件設定を行います。

　コラム：あるボート選手の失敗

　ある大学のボート部の選手が、ボートのパフォーマンス向上のために、ジムに入会して筋力トレーニングを開始しました。トレーニングでは、ボートの動作と関連のあるエクササイズとしてシーティッドロウを重視し、広背筋を意識して脇を締めるような動作で筋肉をパンプアップさせ、完全にオールアウトする（反復できなくなる）ところまで追い込むトレーニングを熱心に行ない、数ヶ月後には使用重量を順調に伸ばすことに成功しました。ところが、実際にボートを漕いでみると、以前よりも早い段階で筋肉が動かなくなり、記録が低下してしまったのです。

　なぜこのようなことが起こったのでしょうか？　彼は、トレーニングの際に、広背筋のみを使用して他の部位をできるだけ動員させないように意識し、加速を抑えてゆっくりとした一定スピードで動作を行なっており、このような実際のボートの動作特性とは異なる効率の悪い動作パターンが、トレーニングを通じて神経系にインプットされてしまったことが、原因と考えられます。シーティッドロウで背中の筋肉のみをパンプアップさせる訓練を行なったために、ボート競技の漕ぐ動作においても背中の筋肉が早くパンプアップしてしまったのです。

　競技動作に関連した動作で行なう専門的エクササイズにおいては、トレーニング動作のスピードやトレーニング中の意識も効果を上げるための重要な要素であるといえるのです。

2）トレーニング条件の設定の目安

①競技動作を再現したエクササイズの場合

　競技動作をそのまま、または部分的に再現したエクササイズの場合、トレーニングで用いる負荷は、実際の競技場面で加わる負荷よりもわずかに高い程度に設定します。

　負荷設定にあたっては、トレーニング中にフォームが崩れず、動作スピードが実際と大きく変わらない範囲の負荷に調整するとよいでしょう。選手がトレーニングを行ったときに違和感を感じるようであれば、負荷設定を調整することが必要です。具体的なトレーニング条件の目安は以下の通りです。

・単発的に最大のパワーを発揮する競技動作の場合

　実際の競技場面で加わる負荷よりもわずかに高い程度の負荷を用いて、5回以下、3〜5セット、セット間の休息は2〜5分に設定します。具体例としては、砲丸投げ選手が、通常の砲丸よりもやや重い負荷に設定して競技動作を再現した動きでトレーニングを行うケースなどがあります。

・反復的に最大パワーを発揮する競技動作の場合

　実際の競技場面で加わる負荷よりもわずかに高い程度の負荷を用いて、5〜10回、2〜3セット、セット間の休息は2〜5分に設定します。具体例としては、メディシンボールを用いて、テニスのストローク動作やバレーボールのスパイク動作を再現した動きを行うケースなどがあります。

②クイックリフトによる爆発的パワーの向上を目的とした場合

　短時間内に大きな力を発揮する爆発的パワーの向上を目的とした場合には、一気にウエイトを挙上する「クイックリフト」が有効です。クイックリフトの代表的なエクササイズとしては、パワークリーンやスナッチがありますが、動きをアレンジしたり、ダンベルを用いたりすることによって、さまざまな競技動作に幅広く対応することが可能となります。
　クイックリフトのトレーニング条件の目安は以下の通りです。

・単発的に最大のパワーを発揮する競技動作の場合

　1RM（最大挙上重量）の80〜90％の負荷を用いて、最大速度で1〜2回、3〜5セット、休息時間は2〜5分に設定します。陸上競技の投てきや跳躍種目、野球のバッティング動作などのパワー向上を目的とした場合に適用します。

・反復的に最大パワーを発揮する競技動作の場合

　1RMの75％程度の負荷を用いて、最大速度で3〜5回、2〜3セット、休息時間は2〜5分に設定します。バスケットボールのリバウンドやバレーボールのブロックのように反復的に行うジャンプ動作のパワー向上を目的とした場合などに適用します。

③筋持久力や耐乳酸能力の改善を目的とした場合

　持久型の競技選手が筋持久力の向上を目的とした場合の条件設定としては、1RMの60％（20RM）以下の負荷を用いて、2秒に1回程度のペースで15回以上の反復を、30秒間の休息時間をはさんで、3セット行う方法が目安となります。

　格闘技選手などを対象として耐乳酸能力（乳酸の蓄積に耐えながら大きなパワーを発揮する能力）を高めることを目的とした場合には、1セットあたり15〜20回（所要時間30〜40秒）でオールアウトまで反復した後、30秒程度の休息時間をはさんで、負荷を下げながら3〜5セット行う方法や、10種目程度のエクササイズを1セットずつ休息をとらずに連続的に行う方法（サーキット法）などが効果的です。

表2-10. 専門的エクササイズの条件設定の目安

エクササイズと目的	競技動作をシミュレートしたエクササイズ		クイックリフトによるパワー向上		筋持久力
	単発型パワー	反復型パワー	単発型パワー	反復型パワー	
負荷	競技特性や目的に応じて決定		80%(8RM)〜90%(4RM)	75%(10RM)〜85%(6RM)	60%(20RM)以下
反復回数	5回以下	5〜10回	1〜2回	3〜5回	15回以上（一定テンポを維持）
セット数	3〜5セット	3〜5セット	3〜5セット	3〜5セット	3〜5セット
セット間の休息時間	2〜5分	2〜5分	2〜5分	2〜5分	30秒程度

3．プログラムにおける専門的エクササイズの順序、種目数とセット数

　専門的エクササイズは、実際の競技動作と関連した動きで行われることが多いため、筋力トレーニングのプログラムの後半に実施した場合には、疲労の影響によって、フォームが崩れたり、動作スピードが低下したりすることがあります。このため、専門的エクササイズは、できるだけプログラムの前半（できれば最初）に実施し、この後に、ベンチプレスやスクワットのような主要エクササイズ、次いで、各部位を個々に強化する補助エクササイズの順に配列します。爆発的パワーの向上を目的としたジャンプ系のエクササイズやメディシンボールを用いた各種エクササイズについても、プログラムの最初に実施します。
　一方、中〜高負荷を用いた下肢や体幹の専門的エクササイズについては、プログラムの最初に実施した場合には、後に実施する一般

的エクササイズが疲労の影響を受けることがあるため、一般的エクササイズの後に実施することもあります（表2-11参照）。

1回のプログラムにおいて採用する専門的エクササイズの数やセット数については、高校期の選手や筋力トレーニングの初心者の場合には1～3種目、大学・社会人期の選手の場合には2～5種目を目安として選択し、各エクササイズについて2～3セットずつ実施します。

4．競技シーズンに応じた展開

専門的エクササイズは、筋力トレーニングの長期計画に沿って、筋力養成期からパワー養成期にかけて、量や質を少しずつ高めながら実施すると効果的です。

各期に採用する専門的エクササイズは、試合期が近づくにつれて、特異性の低いタイプから高いタイプへと移行するようにします。

表2-11．専門的エクササイズを採用したバレーボール選手のプログラム例

Aコース（下肢のトレーニング中心）

No	エクササイズ	種類	対応する動作・使用部位	負荷	回数	セット数	休息時間
1	スクワット・ジャンプ	専門	ジャンプ動作	体重負荷	10回	3セット	2分
2	デプスジャンプ	専門	ジャンプ動作	45cmボックス	10回	3セット	2分
3	パワークリーン	一般	爆発的パワー	80%	5回	3セット	3分
4	スクワット	一般	下肢	80%	5回	3セット	3分
5	リーチランジ	専門	レシーブ動作	15RM	10回	2セット	2分
6	バックエクステンション	一般	体幹	10RM	10回	2セット	2分
7	ツイスティングシットアップ	専門	スパイク動作	10RM	10回	左右2セット	2分

Bコース（上肢のトレーニング中心）

No	エクササイズ	種類	対応する動作・使用部位	負荷	回数	セット数	休息時間
1	オーバーヘッドスロー	専門	スパイク・サーブ動作	1kgメディシンボール	10回	3セット	2分
2	シットアップスロー	専門	スパイク・サーブ動作	2kgメディシンボール	10回	3セット	2分
3	プルオーバー	専門	スパイク・サーブ動作	15RM	10回	3セット	2分
4	ベンチプレス	一般	胸部	80%	5回	3セット	3分
5	ワンハンドダンベルロウ	一般	上背部	10RM	10回	左右2セット	2分
6	サイドレイズ	一般	肩部	10RM	10回	3セット	2分
7	クランチ	一般	体幹	12RM	12回	3セット	2分

注）
・ジャンプ系エクササイズやメディシンボールを用いたエクササイズは、プログラムの最初に実施します。
・リーチランジやツイスティングシットアップのように中～高負荷を用いたエクササイズは、後に実施するエクササイズへの影響を考慮して、プログラムの後半に実施する場合もあります。

表2-12．大学・社会人期のバレーボール選手における年間トレーニング計画例
（筋力トレーニングの専門的エクササイズは、筋力養成期やピーキング期にかけて、集中的に実施する）

	一般的準備期		専門的準備期	試合期
	筋肥大期	筋力養成期	パワー養成期	維持
筋力	一般的エクササイズ（低→高強度）			維持
			専門的エクササイズ	
パワー	一般的パワー・エクササイズ（低→高強度）			維持
			専門的パワー・エクササイズ	
スピード	一般的スピード・エクササイズ（低→高強度）			維持
			専門的スピード・エクササイズ	
柔軟性	ウォームアップにて動的柔軟性エクササイズ、クールダウンにて静的柔軟性エクササイズを導入			
動作スキル調整力	基本動作スキルのチェックと改善			
		各種コーディネーション・エクササイズ		
持久性	有酸素系			維持
		無酸素系		

5．トレーニング効果の把握

　専門的エクササイズの導入後には、年2～3回、トレーニング効果を確認するために、各種測定を実施します。一般的エクササイズの効果を把握することを目的とした一般的測定項目（主要エクササイズの1RMなど）と、専門的エクササイズの効果を把握するための専門的測定項目の両方について実施し、競技パフォーマンスとの関連について検討します。

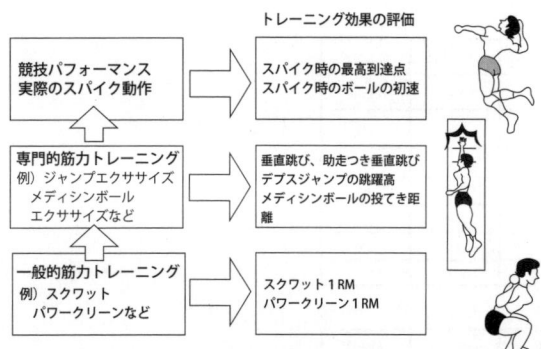

図2-12．パフォーマンス向上のための筋力トレーニングの手段と効果の評価
（バレーボール選手のスパイクのパフォーマンス向上を目的とした場合）

第3章：実技編
代表的なスポーツ動作改善のための専門的エクササイズ

　この章では、各スポーツに共通してみられる代表的な動作を取り上げ、パフォーマンス向上のための専門的エクササイズの具体例を紹介します。

1. スプリント動作

前方に速く走るスプリント動作は、陸上競技（短距離、跳躍や投てき種目の助走）、野球（走塁や守備）、サッカー、ラグビー、バスケットボール、ハンドボール、アメリカンフットボール、フィールドホッケー、ボブスレー、などにみられます。

スプリント動作は、スポーツ種目を問わず、スピードやパワーを向上させるための基礎的なトレーニング手段として採用されており、速く走る能力を高めることは、多くのスポーツ選手に共通する課題であるといえます。

スプリント動作の特徴

エクササイズの検討にあたっては、スプリント動作の局面ごとの動きの特徴について把握しておくことが必要です。スプリント動作の1サイクルは次のような局面で構成されています。

・接地期（キック期）

足が地面に触れている局面を接地期と呼びます。接地期は、片脚が地面に着いた「着地相」、重心が前方に移動していく「支持相」、片脚を後方にキックしていく「キック相」の3つに分けられ（図3-1）、これらの局面ごとに負荷が加わる方向や力を発揮する方向が変化します（図3-2）。

・滞空期（スイング期）

両脚がともに地面から離れている局面を滞空期と呼びます。滞空期には、推進力を得ることはできませんが、ストライドを伸ばすために、脚部（特に膝から下の部分）を前方へとすばやく引き出す動作が必要となります。

スピード局面による動作の違いと対応するエクササイズ

スプリント動作のための専門的エクササイズの設定にあたっては、スタート直後に加速する局面と、最大スピードに達した後の等速局面において、上半身の角度や、脚部の使い方が異なることを考慮する必要があります。

・加速局面の動作とエクササイズ

スタートから10m程度までの加速局面（図3-3）では、上半身が前傾し、膝と股関節がともに屈曲した状態から爆発的に伸展する動きが特徴的です。滞空期には、膝を前方に大きく引き上げる動作も必要となります。

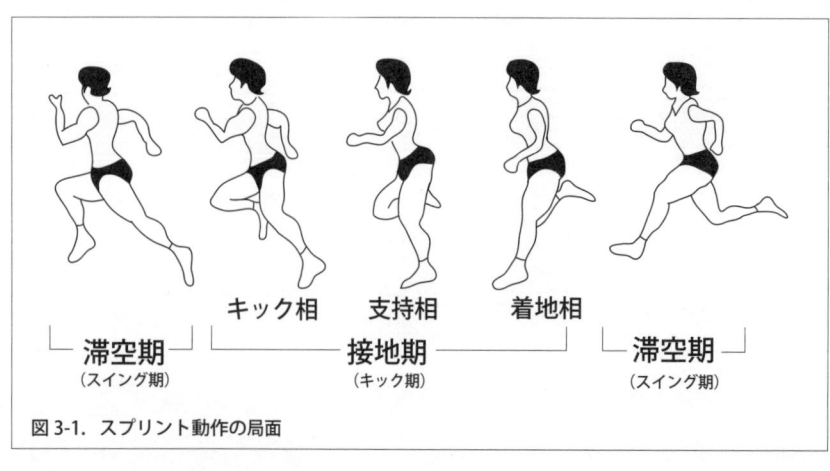

図3-1．スプリント動作の局面

第3章：実技編　代表的なスポーツ動作改善のための専門的エクササイズ

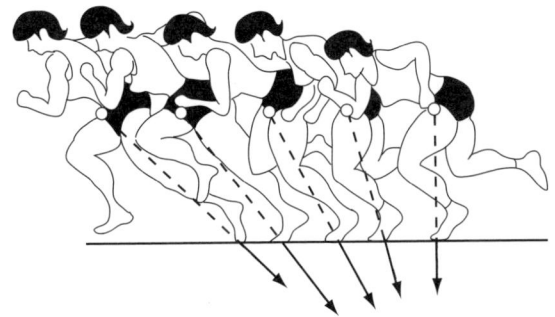

図3-2. スプリント動作中（加速局面）の重心位置と地面に加わる力の方向

図3-3. 加速局面の姿勢

図3-4. 等速局面の姿勢

て、股関節を伸展させるタイプのエクササイズを採用すると効果的です。

スプリント動作のパフォーマンス向上のための専門的エクササイズ例

1）下肢のキック動作のパワー向上のためのエクササイズ例

1．ハングクリーン（写真3-1）
　キック動作の爆発的パワーを向上させることを目的とした代表的なエクササイズです。
□動作
・膝上にバーベルを保持した姿勢から、床を強くキックして骨盤をすばやく前方に突き出しながら、バーベルを一気に胸の高さまで挙上します。
□ポイント
・加速期のキック動作のパワー向上を目的とした場合には、床を強く蹴って、膝と股関節の両方を同時に伸展させることを意識します。
・等速期のキック動作のパワー向上を目的とした場合には、膝の動きを最小限にとどめ、股関節を力強く伸展させるように意識します。
□トレーニング条件の目安

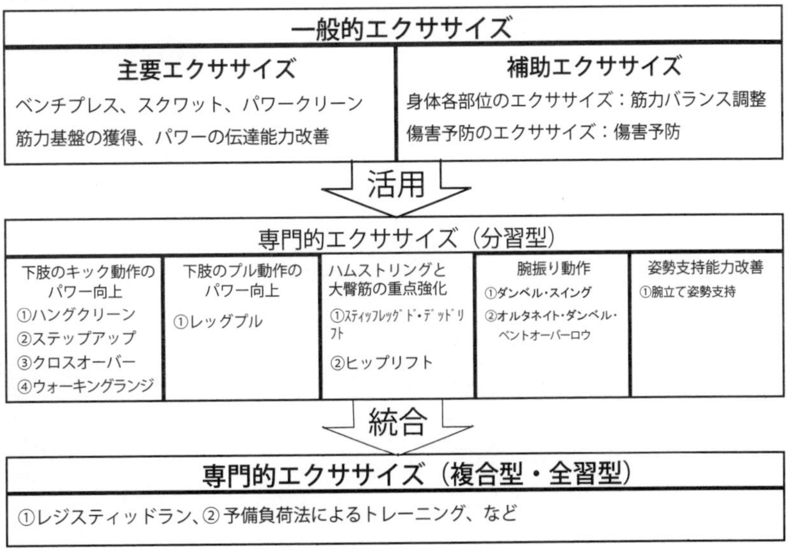

　この局面のパフォーマンス改善のための筋力トレーニングとしては、深い前傾姿勢を保持するための体幹周辺の姿勢支持エクササイズや、膝と股関節を同時に伸展させるタイプのエクササイズ、膝を後方から前方へとすばやく引き上げる動作のエクササイズを採用すると効果的です。

・等速局面の動作とエクササイズ
　最大スピードに到達した後の等速局面では、上半身は加速期に比べて起き上がった姿勢になります（図3－4）。接地期には膝の関節角度はほぼ固定した状態で、股関節を伸展させる動きがみられます。この局面のパフォーマンス改善のための筋力トレーニングとしては、膝関節をほぼ固定した状態で、主としてハムストリングと大臀筋を動員させ

一般的エクササイズ	
主要エクササイズ	補助エクササイズ
ベンチプレス、スクワット、パワークリーン 筋力基盤の獲得、パワーの伝達能力改善	身体各部位のエクササイズ：筋力バランス調整 傷害予防のエクササイズ：傷害予防

↓活用

専門的エクササイズ（分習型）				
下肢のキック動作の パワー向上 ①ハングクリーン ②ステップアップ ③クロスオーバー ④ウォーキングランジ	下肢のプル動作の パワー向上 ①レッグプル	ハムストリングと 大臀筋の重点強化 ①スティッフレッグド・デッドリフト ②ヒップリフト	腕振り動作 ①ダンベル・スイング ②オルタネイト・ダンベル・ベントオーバーロウ	姿勢支持能力改善 ①腕立て姿勢支持

↓統合

専門的エクササイズ（複合型・全習型）
①レジスティッドラン、②予備負荷法によるトレーニング、など

図3-5. スプリント動作改善のためのエクササイズの選択と構成（例）

写真 3-1. ハングクリーン

・正しいフォームで12～20回反復できる負荷を用いて、左右各5～10回、3セット程度実施します。

2．ステップアップ（写真3-2）

スプリント動作中の重心移動を再現することができるエクササイズです。

□動作

・両手にダンベルを持ち、20～30cmの高さの台に片脚をのせ、台にのせた足で強くキックして、反対側の膝を振り上げながら台の上に素早く上る動作を行います。

□ポイント

・実際のスプリント動作時の重心移動方向を考慮して台の高さや台からの距離を設定します。

・加速期の動作の改善を目的とした場合には、台を高めにするか、台の近くに立ちます。

・等速期の動作の改善を目的とした場合には、台を低めにするか、台から離れた位置に立ちます。

□トレーニング条件の目安

・正しいフォームで15～20回反復できる負荷を用いて、左右各10回、3セット程度実施します。

□バリエーション

・バーベルを肩に担いで行う方法もありますが、バランスが崩れやすいので注意します。

3．クロスオーバー（写真3-3）

ステップアップよりも重心の水平方向への移動距離が長くなり、スプリント動作中の「キック相」の動作を再現しやすいエクササイズです。

□動作

・両手にダンベルを持って直立した姿勢から、台にのせた足で強くキックしながら、台の上を横切り、腰の位置をできるだけ前方に移動させて着地します。

写真 3-2. ステップアップ

写真 3-3. クロスオーバー

□トレーニング条件の目安
・正しいフォームで 15 ～ 20 回反復できる負荷を用いて、左右各 10 回、3 セット程度実施します。

4．ウォーキングランジ（写真 3-4）

通常のランジは、ステップして沈み込んだ後に切り返す動作を行いますが、股関節の動きを走動作に近づけるために前方に移動する動作を行います。

□動作
・両手にダンベルを持って直立した姿勢から、片脚を前方にステップして浅く沈み込み、反対側の脚をステップして前方に進んでいきます。

□ポイント
・沈み込みの動作はあまり深くならないようにします。
・後方の脚を前に踏み出す時には、重心をできるだけ前方に移動させるようにします。

□トレーニング条件の目安
・フォームを崩さずに 20 回以上反復できる負荷を目安として、10 ～ 20 ステップ、3 セット程度実施します。

□バリエーション（写真 3-5）
・両脚を前後に開いた姿勢から、前脚で床を強くキックしてジャンプしながら空中で脚を入れ替えて着地する方法もあります。

5．マシンによるキック動作（写真 3-6）

加速期のキック動作を再現したエクササイズです。

□動作
・写真のようなスクワット用のトレーニングマシンを使用します。
・膝と股関節を曲げて上半身を前傾させた姿勢から、膝と股関節を同時に全力で伸展します。

写真 3-4．ウォーキングランジ

写真 3-5．ウォーキングランジのバリエーション（前脚で床をキックしてジャンプ）

写真 3—6．マシンによるキック動作

□トレーニング条件の目安
・正しいフォームで爆発的な動きが12回以上反復できる負荷を用いて、左右各5～10回、3セット程度実施します。

6．メディシンボール・プッシュ（写真3-7）
　クラウチングスタートから加速過程までの局面において、上半身を前傾させた状態で地面をキックする動作パワーの改善を目的としたエクササイズです。
□動作
・メディシンボールを胸の前に両手で保持し、両脚を前後に開いて沈み込んだ姿勢から、前脚で強くキックしてボールを斜め上前方に全力でプッシュします。
□ポイント
・動作中には、ボールの投射方向と重心の軌道を、実際のスプリント動作における重心の移動方向と合わせるようにします。
□トレーニング条件の目安
・2～4kgのメディシンボールを用いて、10回、3セット程度実施します。

写真3-7．メディシンボール・プッシュ

2）下肢のプル動作改善のためのエクササイズ例
1．レッグプル（写真3-8）
　加速局面において脚部を前方に引き出す動きの改善を目的としたエクササイズです。
□動作
・プーリーのケーブルを片側の足首に固定し、前傾姿勢で前方の柱や壁などにつかまります。
・膝をすばやく前方に移動させて、プーリーを引く動作を行います。
□ポイント
・実際の競技場面では、ほとんど負荷が加わらないため、負荷はごく軽めにとどめ、できるだけすばやく動作を行うように心がけます。
・動作中に骨盤の位置がぶれやすいので注意します。
□トレーニング条件の目安
・フォームを崩さずに20回以上反復できる負荷を目安として、10回、3セット程度実施します。

写真3-8．レッグプル

3）ハムストリングスと大臀筋の重点強化のためのエクササイズ例
1．スティッフレッグド・デッドリフト（写真3-9）
　股関節の伸展動作によるハムストリングと大臀筋強化の代表的なエクササイズです。
□動作
・バーベルを保持して直立し、膝をわずかに曲げたまま、股関節を軸にして骨盤と上体を前傾させ、ハムストリングと大臀筋が十分にストレッチした姿勢から、すばやく上体を起こす動作を行います。
□ポイント

・動作中には、腰を常に一定の姿勢に保つようにします。

□トレーニング条件の目安

・フォームを崩さずに20回以上反復できる負荷を目安として、10回、3セット程度実施します。

写真 3-9. スティッフレッグド・デッドリフト

2．シングルレッグ・スティッフレッグド・デッドリフト（写真 3-10）

　片脚でキックするスプリント動作の特性を配慮した、スティッフレッグド・デッドリフトのバリエーションです。

□動作

・バーベルを保持して片脚立ちになり、支持脚の膝をわずかに曲げた状態で、反対側の脚を後方に移動させながら、股関節を軸にして上半身を前傾させた姿勢から、股関節を伸ばして上体を起こす動作を行います。

写真 3-10. シングルレッグ・スティッフレッグド・デッドリフト

□ポイント

・両脚支持によるエクササイズと比べて、動作中に骨盤が左右に動揺しやすいので注意します。

□トレーニング条件の目安

・フォームを崩さずに20回以上反復できる負荷を目安として、10回、3セット程度実施します。ダンベルを使用する方法もあります。

3．ヒップリフト（写真 3-11）

　自体重を負荷として利用したエクササイズであり、体幹の姿勢支持能力の改善にも効果的です。

□動作

・床に仰向けになって、片側の膝を曲げて足を床の上、または20～30cmの台の上に載せた姿勢から、股関節を伸展させて、膝から肩が一直線になるところまで臀部を床から持ち上げる動作を行います。

□ポイント

・フォームを崩さずに12～20回反復できる負荷を目安として、10～20回、3セット程度実施します。

□バリエーション（写真 3-12）

・バランスボールを用いた場合には、動作中に

写真 3-11. ヒップリフト

写真3-12. バランスボールを用いたヒップリフト

体幹を支持する能力やバランスをとる能力が要求されるとともに、膝を伸展する動作を加えることができます。

4．ヒップ・エクステンション（写真3-13）

脚部を固定した状態で、股関節を伸展させるエクササイズです。体幹（脊柱起立筋群）ではなく、ハムストリングスと大臀筋を重点的強化することを目的とします。
□動作
・ベンチの端に股関節がくるようにして脚部を固定してうつぶせになり、身体全体を水平にした姿勢から、股関節を曲げて骨盤と上半身を前傾させて、ハムストリングと大臀筋を十分にストレッチさせた後、開始姿勢まで股関節を伸展させます。
□ポイント
・動作中には、体幹の姿勢を一定に保ち、腰が丸くならないように注意します。
□トレーニング条件の目安
・フォームを崩さずに12〜20回反復できる負荷を目安として、10〜20回、3セット程度実施します。負荷を高めたい場合には、胸の前にウエイトを保持します。

4）腕振り動作と上半身の軸の安定性改善のためのエクササイズ例

1．ダンベル・スイング（写真3-14）

ダンベルを軽快にスイングする動作の中で、上半身の姿勢を一定に保つようにすることによって、姿勢支持能力を高めることを目的としたエクササイズです。腕の筋力アップを目的としたエクササイズではありません。
□動作
・両手にダンベルを持ち、脚を前後に開いて上半身をやや前傾した姿勢から、ダンベルを前後方向に交互にスイングさせます。
□ポイント

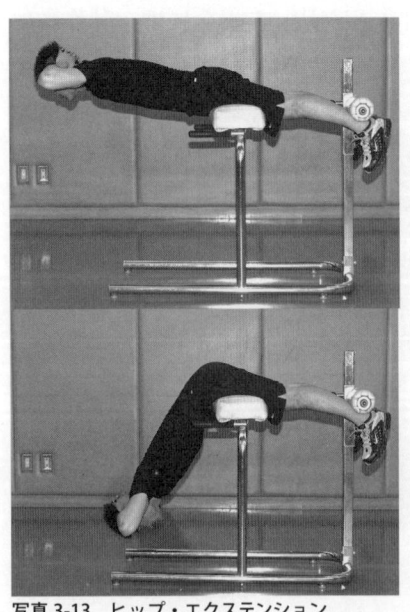

写真3-13. ヒップ・エクステンション

写真3-14. ダンベル・スイング

第3章：実技編　代表的なスポーツ動作改善のための専門的エクササイズ

・腕全体はつねにリラックスさせ、上半身の軸を一定に保つようにします。
□トレーニング条件の目安
・フォームを崩さずに20回以上反復できる負荷を目安として、10～20回、3セット程度実施します。

2．オルタネイト・ダンベル・ベントオーバーロウ（写真3-15）
　肩を中心に左右の肘を交互に振る動作を再現したエクササイズです。
□動作
・両手にダンベルを保持して前傾した姿勢から、左右のダンベルを交互に引く動作を行います。
□ポイント
・ダンベルを引く動作の際には、肘を曲げるのではなく、肩を中心に肘を後方に回転させるように意識します。
□トレーニング条件の目安
・フォームを崩さずに12～20回反復できる負荷を目安として、10～20回、3セット程度実施します。

写真3-15．オルタネイト・ベントオーバーロウ

5）体幹の姿勢支持力改善のためのエクササイズ例
1．腕立て姿勢による姿勢支持エクササイズ（写真3-16）

写真3-16．腕立て姿勢による姿勢支持エクササイズ

　スプリント動作中の体幹の姿勢支持能力の改善を目的とした代表的なエクササイズです。
□動作
・腕立て伏臥姿勢から、片側の腕と反対側の脚を同時に持ち上げて静止し、ゆっくりと床に下ろす動作を交互に反復します。
□ポイント
・肩から支持足のくるぶしまでが一直線になるようにします。
□トレーニング条件の目安
・5～10秒間一定姿勢で静止し、左右交互に合計10回、2～3セット程度実施します。

6）スプリント動作そのものに負荷を加える全習型エクササイズの例
1．レジスティッドラン
　スプリント動作そのものに対して負荷抵抗を加えるエクササイズです。
□動作
・腰部に負荷抵抗（スレッド・そり、パラシュート、パートナーの抵抗など）を装着してスプリント動作を行います。
・傾斜地を利用して坂登り走を行う方法もあります。
□ポイント
・強化課題に応じて、キック動作や腕振り動作

35

などのポイントを意識して動作を行います。
□トレーニング条件の目安
・距離や1セットの所要時間は、実際の競技場面や強化したい局面に応じて設定します。
・負荷を強くしすぎると、フォームが崩れる危険性があるので注意します。

7）その他の方法
1．予備負荷法
　スタートダッシュのセット間のインターバルに、走動作において特に強化したい部位（腹筋、ハムストリングス、大臀筋など）のエクササイズを挿入する方法です。例えば、30mダッシュを1本実施するごとに、腹筋のエクササイズを30回実施し、これを交互に10セット繰り返す方法などがあります。
　この方法は予備負荷法と呼ばれ、特定の部位が筋力トレーニングのエクササイズによって刺激を受けた（または疲労した）状態でダッシュを行うことによって、走運動中に該当する部位により大きな刺激を与えることを目的としたものです。

コラム：走る動作の専門的エクササイズの難しさ

　専門的エクササイズの動作の設定の際には、実際の動作中に負荷の加わる方向や力を発揮する方向を考慮する必要があります。走動作の場合、重心が水平方向に高速移動している点や、脚が地面に着地して離れるまでに力を発揮する方向が刻々と変化する点などから、バーベルやダンベルのようなフリーウエイトを用いて、走動作中に力を発揮する方向にマッチした負荷を適切にかけることが非常に難しいのです。

　また、走る技術そのものについても、選手やコーチによってさまざまな理論があり、走法によって身体の使い方や、動員される筋肉が異なってきます。具体的には、走動作で地面をキックするときに、押すような意識で行う「プッシュ型」と呼ばれる走法や、膝と足首を固定して引っかくような意識で行う「プル型」と呼ばれる走法などがあります。

　どんなスポーツ動作にも、「これがベストの動き」というものはなく、エクササイズにも、誰がやっても効果が上がる「万能薬」的なものは存在しません。理想的なトレーニング法を導き出すためには、時間や労力はかかりますが、対象となる選手の個々の特徴に応じて試行錯誤を行うことが不可欠であるといえるでしょう。

第3章：実技編　代表的なスポーツ動作改善のための専門的エクササイズ

2．ジャンプ動作

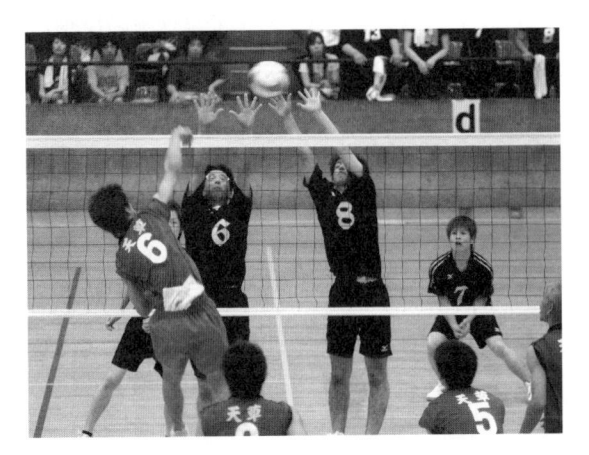

ジャンプ動作は、バレーボール（スパイク、ブロック）、バスケットボール（リバウンド、ランニングシュート）、サッカー（ヘディング、ゴールキーパーのジャンプ）、野球（野手の捕球動作）、スキーのジャンプ競技、陸上競技（走り高跳び）、体操競技（跳馬、床運動）、水泳（スタート局面）などで見られます。

ここでは、垂直方向に高く跳ぶスポーツ動作のパフォーマンス向上を目的とした段階的なトレーニング例（図3-6）に沿って、ステップ別に実施すべき代表的なエクササイズを紹介します。

ジャンプ動作のパフォーマンス向上のためのエクササイズ例

STEP 1）筋力基盤の養成を目的としたエクササイズ

ジャンプ力を改善するための体力基盤として、ジャンプ動作の原動力となる筋出力の大きさ、すなわち「最大筋力」を高めておくことが必要です。高度なジャンプ能力を発揮するための筋力基盤の目標値については、ジャンプ動作と関連のあるスクワットの最大挙上重量（1RM）として、体重の1.5倍程度を目安にするとよいでしょう。

①パラレルスクワット（写真3－17）

ジャンプ動作の筋力基盤養成を目的として、最大挙上重量の向上を図ります。

□動作
・バーベルを肩にかつぎ、肩幅程度に両脚を開いて直立した姿勢から、膝と股関節を同時に曲げて、上半身を前傾させながら大腿部の上端が床と平行になるところまでしゃがんで、立ち上がる動作を反復します。

□ポイント
・しゃがんだ時に膝がつま先の真上にくるようにします。
・動作中に腰背部が反ったり丸まったりしないように注意します。

□トレーニング条件の目安
・最大筋力の向上を目的とした場合には、数セットのウォームアップの後、1RMの85%

STEP1：一般的筋力の獲得（スクワット1RM：体重の1.5倍）

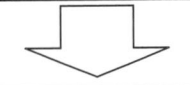

⇓

STEP2：クイックリフトによる爆発的パワー向上

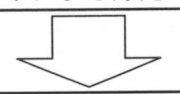

⇓

STEP3：専門スポーツのジャンプ動作のパワー向上
ジャンプの方向、スタンス、踏切足、切り返し動作などを配慮
プライオメトリックス、コンプレックス法などの導入

図3-6．ジャンプ力向上のためのトレーニングの長期構想（例）

写真 3-17. パラレルスクワット

以上の負荷を用いて、5回以下の反復を3セット程度実施します。

②クォーター・スクワット（写真 3-18）
　実際の競技場面でよくみられる、浅いしゃがみ込み姿勢からのジャンプ動作に必要な最大筋力と、体幹の姿勢支持力を向上させることを目的としたエクササイズです。
□動作
・バーベルを肩にかつぎ、腰幅程度に両脚を開いて直立した姿勢から、膝と股関節を同時に曲げて、上半身を前傾させながら、膝関節と股関節が120度程度になるところまでしゃがんで、立ち上がる動作を行います。
□ポイント
・高負荷を使用した場合、上半身が直立して膝だけが前に出たり、腰が丸くなったりしやすい点に注意します。

写真 3-18. クォーター・スクワット

□トレーニング条件の目安
・数セットのウォームアップの後、1RMの85％以上の負荷を用いて、5回以下の反復を3セット程度実施します。
・パラレルスクワットより高負荷の使用が可能ですが、しゃがんだ時に正しい姿勢が支持できる範囲の負荷に調整します。

STEP 2）爆発的パワーの向上を目的としたエクササイズ

　ジャンプ動作のパフォーマンス向上のためには、瞬間的に大きな力を一気に発揮する「爆発的パワー」を高めることが重要です。このステップでは、STEP 1で養成した最大筋力をベースにして、低～中負荷によるトレーニングを通じて、すばやく爆発的に動作が行えるようにすることを目的とします。
　爆発的パワーを改善するためには、パワークリーンやスナッチのようにバーベルを一気に挙上するタイプのエクササイズ（クィックリフト）や、1RMの30～60％程度のバーベルを用いたすばやい動作によるスクワットなどが効果的です。また、体重負荷による連続ジャンプや、台から飛び下りてからジャンプを行うデプスジャンプのように、伸張反射や筋及び腱の弾性の働きの改善が期待できるプライオメトリック・トレーニングも有効です。

③パワークリーン（写真 3-19）
　ジャンプ動作の爆発的パワー向上のための最も代表的なエクササイズです。下肢から上肢へとパワーを伝達する能力を改善する効果も期待できます。
□動作
・バーベルを両手に保持してしゃがんだ姿勢から、床を強くキックしてバーを一気に引き上げ、肩の高さで保持する動作を行います。
□ポイント

・ジャンプ動作への活用を考慮して、床を強くキックすることや、膝と股関節を同時にすばやく伸展させることを意識します。
□トレーニング条件の目安
・主として、スクワットと同様に最大挙上重量の向上を図りますが、1RMの30～60%の重量を用いて、5回3セット程度、できるだけすばやく挙上する方法も効果的です。

②バーベル・スクワット＆ジャンプ（写真3-20）
　ジャンプの切り返し局面をすばやく行うことに重点を置いたエクササイズです。
□動作
・バーベルを肩にかついで直立した姿勢から、膝と股関節がともに120度程度になるところまでしゃがみ、すばやく切り返してできるだけ高く跳び上がります。
・跳び上がって着地した後には、いったん直立して静止してから次の反復を行います。
□ポイント
・跳び上がる局面の動作中に、膝が前方に移動しないように注意します。
□トレーニング条件の目安
・バーベルの重量は、ごく軽いウエイト（10～20kg）から開始し、正しい姿勢が維持でき、すばやい切り返し動作が可能な範囲にとどめておきます。5～10回、3セット程度実施します。

STEP 3）専門スポーツのジャンプ動作のパワー向上を目的としたエクササイズ

　スクワットやクリーンのようなジャンプに関連した基本動作の最大筋力や爆発的パワーの向上が達成できたら、パフォーマンス向上に転化するための仕上げとして、実際のスポーツのジャンプ動作と関連のあるエクササイズを実施します。

　エクササイズの選択や動作の決定にあたっては、実際のスポーツにおけるジャンプ動作との関連に基づき、次のようなポイントに配慮します。
1：切り返し動作のタイプ：静止型、切り返し型、突っ張り型
2：ジャンプの方向：ジャンプの踏切時に力を発揮する方向、重心の移動方向（上方、前方、側方など）
3：踏切脚：両脚踏切か？片脚踏切か？
4：助走の有無

写真3-19．パワークリーン

写真3-20．バーベル・スクワット＆ジャンプ

切り返し動作の違いによるジャンプエクササイズ

の3つのバリエーション

①静止型（スクワットジャンプ型）
・しゃがんだ姿勢で静止してから、床を強くキックして、できるだけ高く跳び上がるタイプのジャンプです。
・スキーのジャンプ競技の踏切や水泳のスタート局面などでは、このような動作形態がみられます。

②切り返し型（カウンタームーブメント型・写真3-21）
・直立した姿勢から、しゃがみ込んですばやく切り返して、できるだけ高く跳び上がるタイプのジャンプです。
・バレーボールのブロックやバスケットボールのリバウンドなど、その場で高くジャンプする局面でみられ、他のタイプのジャンプに比べて高く跳ぶことができます。
・しゃがみ込んだ時に、主働筋がすばやく引き伸ばされるため、伸張反射の働きを利用しやすい特徴を持っています。

③突っ張り型（リバウンド型・写真3-22）
・ジャンプからの着地時に、足首と膝の関節角度を固定して床を全力で突っ張るようにして踏み切るタイプのジャンプです。
・バレーボールのスパイク、バスケットボールのランニングシュート、陸上競技の走り高跳びのように、助走付きのジャンプの踏切局面でみられます。
・足首や膝を固定して着地するため、腱の弾性を利用しやすい特徴を持っています。

専門スポーツのジャンプ動作のパワー向上を目的としたジャンプエクササイズの代表例

①垂直跳び（写真3-23）
□ジャンプの方向：真上
□切り返し動作：切り返し型
□踏切脚：両脚
□助走：なし
□関連のあるスポーツ動作：バレーボールのブロック、バスケットボールのリバウンド
□動作：壁の前に横向きに立ち、できるだけ高く跳び上がって片手で壁をタッチします。
□トレーニング条件の目安：10回、2〜3セッ

写真3-21．切り返し型（カウンタームーブメント型）ジャンプ

写真3-22．突っ張り型（リバウンド型）ジャンプ

ト程度実施します。
□バリエーション：バレーボールのブロック動作との関連を考慮した場合には、壁に向かって立った姿勢から、ジャンプして両手で壁にタッチする方法を採用します。

②ジャンプアップ（写真3-24）
□ジャンプの方向：斜め上前方
□切り返し動作：静止型または切り返し型
□踏切脚：両脚
□助走：なし
□関連のあるスポーツ動作：スキーのジャンプ競技
□動作：踏み台の前の床に立った姿勢から、台の上に跳び上がります。
□トレーニング条件の目安：10回、2～3セット程度実施します。
□バリエーション：スキーのジャンプ選手の場合、静止型の切り返し動作を選択し、競技場面のジャンプの方向に応じて台の高さや台からの距離を調節します。

③連続ジャンプ（前方）（写真3-25）
□ジャンプの方向：前方斜め上方向
□切り返し動作：切り返し型または突っ張り型
□踏切脚：両脚または片脚

写真3-24. ジャンプアップ

□助走：なし
□動作：前方に並べた障害物を連続的に跳び越します。
□トレーニング条件の目安：10回、2～3セット実施します。

④連続ジャンプ（側方）（写真3-26）
□ジャンプの方向：斜め上側方
□切り返し動作：切り返し型または突っ張り型
□踏切脚：両脚または片脚
□助走：なし
□関連のあるスポーツ動作：サッカーのゴールキーパーや野球の野手の捕球動作
□動作：側方に並べた障害物を連続的に跳び越します。

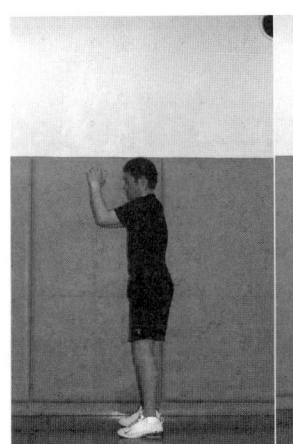

写真3-23. 垂直跳び

写真 3-25. 連続ジャンプ（前方）

写真 3-26. 連続ジャンプ（側方）

□トレーニング条件の目安：10回、2〜3セット実施します
□バリエーション：1台〜数台の障害物を用いて左右に切り返す方法や、複数の障害物を同じ方向に跳び越していく方法、片脚のみで行う方法などがあります。

⑤ステップアップジャンプ（プッシュオフ）（前方：写真 3-27、側方：写真 3-28）
□ジャンプの方向：斜め上前方または斜め上側方
□切り返し動作：静止型または切り返し型
□踏切脚：片脚
□助走：なし
□動作：台に片脚をのせて、片脚だけで高く跳び上がります。
□トレーニング条件の目安：10回、2〜3セット実施します。

□バリエーション：台に対して前向きで行う方法と横向きで行う方法があります。

⑥デプスジャンプ（写真 3-29、バリエーション写真 3-30）
□ジャンプの方向：上方向
□切り返し動作：切り返し型または突っ張り型
□踏切脚：両脚または片脚

写真 3-27. ステップアップジャンプ（前方）

写真 3-28. ステップアップジャンプ（側方）

□助走：なし
□関連のあるスポーツ動作：バレーボールのブロック、バスケットボールのリバウンド
□動作とポイント
・台の上に立って片脚を前方に出し、台から飛び降りて着地してから跳び上がります。
・台から飛び降りることによる着地衝撃によって、伸張反射や筋及び腱の弾性の作用をより多く引き出す効果が期待できます。
・着地衝撃が大きいため、トレーニング経験や体力レベルを考慮して採用します。
□トレーニング条件の目安：10回、2〜3セット実施します。
□バリエーション：連続的に実施するためには、2つの台にのって直立した姿勢から、台の間の床に着地して跳び上がる動作を行います。

⑦助走つきジャンプ（写真3-31）
□ジャンプの方向：上方向
□切り返し動作：突っ張り型
□踏切脚：両脚または片脚
□助走：あり
□関連のあるスポーツ動作：バレーボールのスパイクやサーブ、バスケットボールのランニングシュート、陸上競技の走り高跳び
□動作とポイント
・数歩の助走をつけてから、片脚または両脚で高く跳び上がります。
・エクササイズの踏切脚や切り返し動作のタイプは、スポーツの動きを考慮して決定します。
・壁の目標物に向かって跳ぶ方法や、障害物を跳び超える方法などがあります。
□トレーニング条件の目安：5回、2〜3セット実施します

写真3-29．デプスジャンプ

写真3-30．デプスジャンプ（台を2台使用する方法）

写真 3-31. 助走つきジャンプ

⑧サイドステップからのジャンプ（写真 3-32）
□ジャンプの方向：上方向
□切り返し動作：切り返し型または突っ張り型
□踏切脚：両脚または片脚
□助走：あり（サイドステップ動作）
□関連のあるスポーツ動作：バレーボールのブロック、バスケットボールのリバウンド
□動作とポイント：横方向に一歩ステップした後、両脚をそろえて高く跳び上がります。
□トレーニング条件の目安：5～10回、2～3セット実施します。

その他の方法
①コンプレックス法
　高重量のクォータースクワットを5～10回反復した直後に、ジャンプエクササイズを5～10回行い、これを2～3セット実施します。高重量のスクワットによる神経系への刺激が残存した状態で、すぐにジャンプ運動を行うことによって、パワーの改善が促進されると考えられています。

写真 3-32. サイドステップからのジャンプ

コラム：ジャンプ力の鍵を握る身体のバネ

　黒人選手のプレーを見ると、「バネがある」と感じる人が多いようです。近年、運動中のいわゆる「バネ」の働きが、筋肉と腱の関係によって引き起こされていることが明らかにされつつあります。

　筋は、腱を介して骨に付着しており、筋が収縮すると腱が引っ張られて骨の動きが発生します。このように、筋と腱は、相互に関連して機能することから、筋腱連合体と呼ばれており、筋肉はそれ自体収縮することができるので「収縮要素」、腱は自ら収縮することはできないが弾性（伸び縮みする性質）をもっているので「弾性要素」と名付けられています。

　バレーボールのスパイクにおいて、助走からの踏切の際には、一瞬ふくらはぎの筋肉（腓腹筋など）が非常に強く収縮して、腱を上回る硬さになる局面があります。このとき、弾性を持つ腱が引き伸ばされてバネやゴムのような機能を果たし、爆発的に大きなパワーを発揮することに貢献しているのではないかと考えられています。このような腱のバネ的機能は、腱自体が長い傾向にある黒人選手において、より有利に働くとも考えられています。

　腱の弾性を利用したトレーニングとしては、連続的なジャンプ運動がよく行われます。このようなジャンプ動作は、リバウンド型ジャンプ（P.40参照）と呼ばれており、ジャンプして着地する前の空中で、足首や膝などを踏み切り動作の角度に準備しておくとともに、使用する筋群を事前に緊張させておき（予備緊張）、着地と同時に強く踏み切るようにします。着地時には、足首を曲げてかかとを床に着けたり、膝を曲げたりするなどの衝撃吸収動作は行わないようにするのがポイントです。リバウンド型の連続ジャンプによるトレーニングでは、1回目や2回目はそれほどバネ的な効果が感じられませんが、3回目以降のジャンプから滞空時間が長くなり、バネ的な効果が実感できるようになります。

3. 投げる動作と打つ動作

スポーツにみられる投げる動作と打つ動作の中から、共通する特徴的な動きとして、「オーバーヘッド動作」と「体幹の回旋動作」を取り上げ、それぞれのパフォーマンスを向上させるためのエクササイズを紹介します。

1）オーバーヘッド動作

スポーツの投打運動には、腕を頭の上に振りかぶってから前方へとすばやく振り下ろす「オーバーヘッド動作」が多くみられます。オーバーヘッド動作が行われる投動作としては、野球の投手のピッチングや野手のスローイング動作、陸上競技のやり投げ、ハンドボールのシュート、サッカーのスローイン動作やゴールキーパーのスロー動作、ラクロスのパスやシュートの動作などが、打つ動作としては、バレーボールのサーブやスパイク、テニスのサーブ、などがあります。

【オーバーヘッド動作の筋力向上のためのエクササイズ例】

①ダンベル・プルオーバー（写真3-33）

上肢のオーバーヘッド動作の最大筋力を向上させるための代表的なエクササイズです。ウエイトを下ろした時に使用する筋肉を十分にストレッチすることができ、動作の可動域を改善する効果も期待できます。

□動作

・身体の長軸がベンチに対して直角になるようにして、背中をシートに付けて仰向けになり、1個のダンベルを両手で保持して頭上に振りかぶった姿勢から、肩を中心に腕を振り上げてダンベルを挙上する動作を反復します。

□ポイント

・ベンチを横切るように仰向け姿勢をとることによって、動作中に肩甲骨の動きが制限されることなく、スムーズに大きく動かすことができるようになります。

・ダンベルを下ろした時には、肩甲骨を十分に内側に締め、広背筋や上腕三頭筋をストレッチさせます。

・動作中には、体幹を固定し、ダンベルを下ろした時に、腹筋が縦に伸びて腰が反ったりしないように注意します。

□トレーニング条件の目安

・正しいフォームで12回以上反復できる負荷を用いて、5〜10回、2〜3セット実施します。

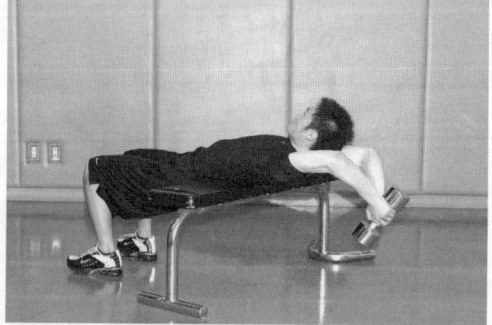

写真3-33. ダンベル・プルオーバー

第3章：実技編　代表的なスポーツ動作改善のための専門的エクササイズ

②ケーブル・プルオーバー（写真3-34）
　立位姿勢で後方から負荷を受ける形態で動作を行うことから、体幹の姿勢支持能力の改善の効果を期待することができます。
□動作
・プーリーに接続したV字型のバーやロープなどを保持して、足を前後に開き、両手を頭上に振りかぶった姿勢から、頭越しに前方へとプーリーを引く動作を行います。
□ポイント
・動作中には、腰が反ったり、臀部が後方に引けたりしないように注意します。
□トレーニング条件の目安
・正しいフォームで12回以上反復できる負荷を用いて、5～10回、2～3セット実施します。

写真3-34．ケーブル・プルオーバー

【オーバーヘッド動作のパフォーマンス向上のためのメディシンボールを用いたエクササイズ例】
①プルオーバースロー（写真3-35）
　仰向け姿勢で行うため、上半身の姿勢が保持しやすく、上肢の動きに集中しやすいエクササイズですが、振りかぶった時にボールが床に当たりやすく、可動域がやや狭い欠点があります。
□動作
・両膝を曲げて床に仰向けになり、足の方向からパートナーが投げたメディシンボールボールを胸の上でキャッチして頭上に振りかぶり、すばやく切り返してパートナーにボールを投げ返します。
□ポイント

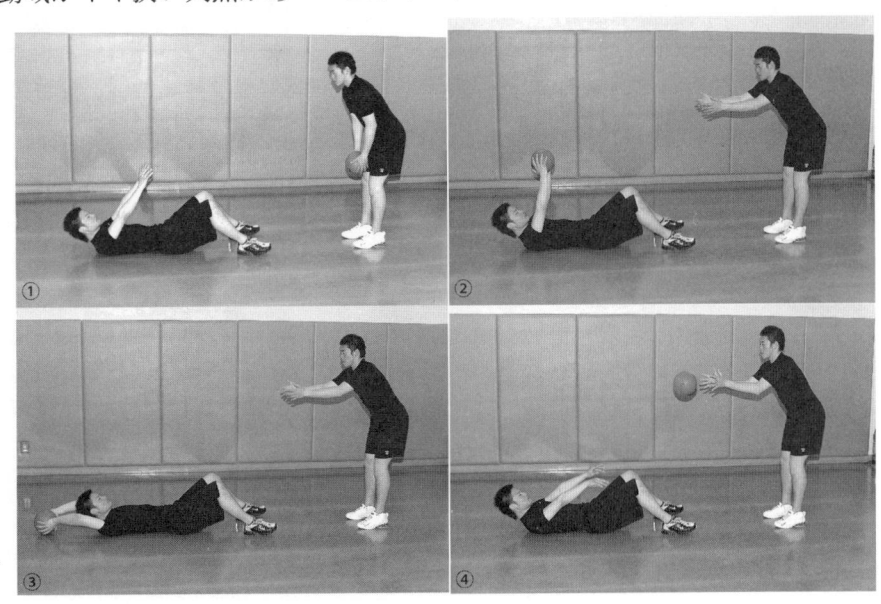

写真3-35．プルオーバースロー

47

写真3-36. バランスボール上でのプルオーバースロー

　ボールを投げる際には、肘を伸ばす動きだけでなく、肩を中心に上腕を振り切ることを意識してください。
□トレーニング条件の目安
・1～2kgのメディシンボールを用いて、5～10回、2～3セット実施します。

②バランスボール上でのプルオーバースロー（写真3-36）
　床の上で行う方法と比べて可動範囲が大きく、肩甲骨の動きの制限を受けにくい長所があります。下肢や体幹の姿勢支持能力を養う効果も期待できます。
□動作
・両脚で床を支持してバランスボールに背中の中央部をのせて仰向けになり、パートナーが投げたメディシンボールを胸の上でキャッチして頭上に振りかぶり、パートナーにボールを投げ返します。
□ポイント
・振りかぶった時に腹筋が伸びて腰が反らないように注意します。
□トレーニング条件の目安
・1～2kgのメディシンボールを用いて、5～10回、2～3セット実施します。

③片膝立ちオーバーヘッドスロー（写真3-37）
　下肢を固定した状態で実施できる両手によるオーバーヘッドスロー動作のエクササイズです。

写真3-37. 立膝立ちオーバーヘッドスロー

第3章：実技編　代表的なスポーツ動作改善のための専門的エクササイズ

□動作
・片膝立ち姿勢になって、額の前にメディシンボールを両手で保持した姿勢から、後方に振りかぶってすばやく切り返し、前方にボールを全力で投げます。

□ポイント
・ボールを後方に振りかぶった時には、肩甲骨を十分に内側に締め、上腕部が耳の横よりも後方にくるようにします。

□トレーニング条件の目安
・1～2kgのメディシンボールを用いて、5～10回、2～3セット実施します。

□バリエーション
・前方のパートナーからボールを頭上にトスしてもらう方法もあります。

④スタンディング・オーバーヘッドスロー（写真3-38）
　実際の競技動作に近い立位姿勢で実施できる両手によるオーバーヘッド動作のエクササイズです。

□動作
・直立姿勢になって、額の前にメディシンボールを両手で保持した姿勢から、後方に振りかぶってすばやく切り返し、前方にボールを全力で投げます。

□ポイント
・上半身が前方に突っ込んだり、腰が後方に引けたりしやすいので注意します。

写真3-39. ウォール・バウンド

□トレーニング条件の目安
・1～2kgのメディシンボールを用いて、5～10回、2～3セット実施します。

⑤ウォール・バウンド（写真3-39）
　片手によるオーバーヘッド動作における肩周辺の動的柔軟性の向上や切り返し動作の改善に役立つエクササイズです。

□動作
・壁の前に立ち、肩の上に片手でメディシンボールを保持した姿勢から、壁にボールをバウンドさせる動作を反復します。

□ポイント
・肩の回旋動作は最小限に抑え、肩甲骨と肘を同時に大きく動かすようにして行います。
・肩甲骨を固定してしまうと、肩の内旋・外旋動作に過剰な負荷がかかって、肩の傷害を引き起こす危険性があるので注意してください。

写真3-38. スタンディング・オーバーヘッドスロー

49

□トレーニング条件の目安
・0.5〜1kgのメディシンボールを用いて、10回、2〜3セット実施します。

⑥片膝立ちワンハンドスロー（写真3-40）
　下肢を固定した状態で実施できる片手によるオーバーヘッド動作のエクササイズです。
□動作
・片膝立ち姿勢になって、片手でボールを後方に振りかぶってすばやく切り返し、前方に全力で投げる動作を行います。
□ポイント
・肩を中心に腕を大きく振り切るように心がけます。
□トレーニング条件の目安
・1〜2kgのメディシンボールを用いて、10回、2〜3セット実施します。

⑦スタンディング・ワンハンドスロー（写真3-41）
　実際の競技動作に近い立位姿勢で実施できる片手によるオーバーヘッド動作のエクササイズです。
□動作
・直立姿勢になって、額の前にメディシンボールを両手で保持した姿勢から、片手でボールを後方に振りかぶってすばやく切り返し、前方に全力で投げる動作を行います。
・上半身が前方に突っ込んだり、腰が後方に引けたりしやすいので注意します。
□トレーニング条件の目安
・1〜2kgのメディシンボールを用いて、10回、2〜3セット実施します。

写真3-40. 片膝立ちワンハンドスロー

写真3-41. スタンディング・ワンハンドスロー

2）体幹の回旋動作

　スポーツの投打運動全般において、体幹の回旋動作は、大きなパワーを産み出したり、下肢から上肢へとパワーを伝達する働きを担っています。投打運動において体幹の回旋動作が特に重要となるスポーツ動作としては、野球のバッティング、テニスのストローク動作、ゴルフのスイング、陸上競技の投てき種目（特に円盤投げ）などがあります。

【投打動作のパフォーマンス向上のための体幹のエクササイズ例】

①シーティッド・バーベル・トランクツイスト（写真3-42）

　体幹の回旋動作のパワー向上（特に、可動域前半の加速能力と可動域後半の減速能力）や、上半身の回転軸の安定性の改善に効果的なエクササイズです。

□動作
・バーをかついで、ベンチにすわり、腰部を固定した姿勢で、上半身を左右にひねる動作を行います。

□ポイント
・急激に加速して上半身を回転させ、動作の後半で急激に減速するようにします。
・上半身の回転軸がぶれないように注意します。

□トレーニング条件の目安
・フォームを崩さない範囲の重量（最初は15〜20kg）を用いて、10〜20回、2〜3セット実施します。

②スタンディング・バーベル・トランクツイスト（写真3-43）

写真 3-43. スタンディング・バーベル・トランクツイスト

　座位で行う方法に比べて、骨盤を固定する能力が求められるエクササイズです。

□動作
・バーをかついで直立し、上半身を左右にひねる動作を行います。

□ポイント
・急激に加速して上半身を回転させ、動作の後半で急激に減速するようにします。
・動作中には骨盤をしっかりと固定しておきます。

□トレーニング条件の目安
・フォームを崩さない範囲の重量（最初は15

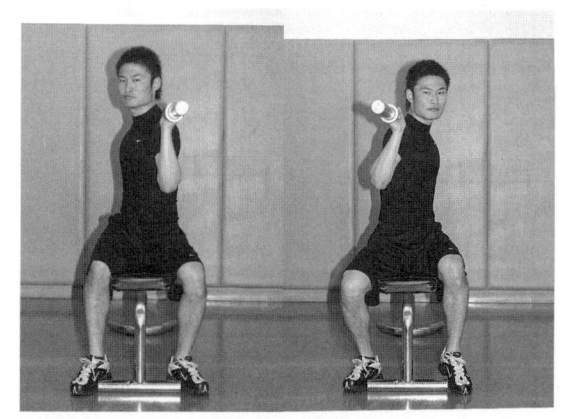

写真 3-42. シーティッド・バーベル・トランクツイスト

〜20kg）を用いて、10〜20回、2〜3セット実施します。

③スタンディング・ダンベル・トランクツイスト（写真3-44）

写真3-44. スタンディング・ダンベル・トランクツイスト

ダンベルを手で保持することによって、競技動作との関連を高めることができます。
□動作
・1個のダンベルを両手で胸の前に保持して直立し、上半身を左右にひねる動作を行います。
□ポイント
・急激に加速して上半身を回転させ、動作の後半で急激に減速するようにします。
・動作中には骨盤をしっかりと固定しておきます。
・ダンベルは常に胸の正面に保持します。
・ダンベルを胸から遠ざけると負荷が大きくなり、近づけると負荷が小さくなります。
□トレーニング条件の目安
・フォームを崩さない範囲の重量（最初は2〜5kg）を用いて、10〜20回、2〜3セット実施します。

④ライイング・トランクツイスト（写真3-45）
　横向き姿勢で動作を行うことによって、可動域全体にわたって適切に負荷を加えることができます。野球のバッティングやテニスのス

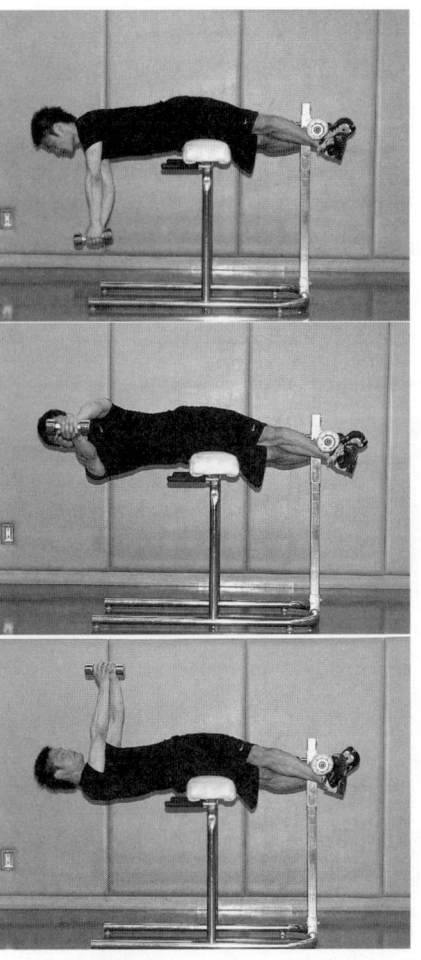

写真3-45. ライイング・トランクツイスト

トローク動作のように、横方向に移動しようとする上半身をブロックしながら体幹を回旋する動作を再現することができます。
□動作
・横向き姿勢でベンチに下半身を固定し、ウエイトを胸の前に両手で保持して、上半身を床と水平に保ったまま、上半身を回旋させます。
□ポイント
・動作中には、上半身の軸が床と平行を保つようにします。上半身が下がりやすいので注意します。
・ダンベルは常に胸の正面に保持します。
□トレーニング条件の目安
・フォームを崩さない範囲の重量（最初は2〜5kg）を用いて、10〜20回、2〜3セット実施します。

写真 3-46. 両膝立ちメディシンボール・ツイストスロー

⑤両膝立ちメディシンボール・ツイストスロー（写真 3-46）

メディシンボールを使用することによって、動作の後半も十分に加速することができます。

□動作
・両膝立ち姿勢になり、メディシンボールを胸の前に両手で保持して、投射方向と反対側に上半身をひねってから、すばやく切り返して上半身をすばやく回旋させて全力でボールを投射します。

□ポイント
・上半身の回転軸がぶれないように注意します。
・上半身の角度や投射方向は、実際のスポーツ動作を考慮して決定します。

□トレーニング条件の目安
・1〜2kgのメディシンボールを用いて、10回、2〜3セット実施します。

⑥スタンディング・ツイストスロー（写真 3-47）

立位姿勢で行うことにより、競技動作との関連が高くなります。

□動作
・直立姿勢になり、メディシンボールを胸の前で両手で保持して、投射方向と反対側に上半身をひねってから、すばやく切り返して上半身をすばやく回旋させて全力でボールを投射します。

□ポイント
・骨盤と上半身の回転軸がぶれないように注意します。
・上半身の角度や投射方向は、実際のスポーツ動作を考慮して決定します。

□トレーニング条件の目安
・1〜2kgのメディシンボールを用いて、10回、2〜3セット実施します。

⑦ツイストランジ（写真 3-48）

写真 3-47. スタンディング・ツイストスロー

写真3-48.
ツイスト・ランジ

4．方向転換動作

多くの球技スポーツにおいては、相手選手を振りきったり、ボールの方向にすばやく移動したりするために、急激な方向転換動作が必要となります。方向転換動作は、バスケットボール、サッカー、ラグビー、ハンドボール、テニス、バドミントン、アメリカンフットボール、アイスホッケーなどで多く見られます。

重心移動を伴う体幹の回旋動作のエクササイズです。
□動作
・直立姿勢でボールを胸の正面に保持し、片脚を広めにステップした後上半身をステップ方向にひねる動作を、前方に移動しながら左右交互に反復します。
□ポイント
・ステップした時に上半身が前傾したり、臀部が後方に引けたりしないように注意します。
・ボールは常に胸の正面に保持します。
□トレーニング条件の目安
・1〜2kgのメディシンボールを用いて、10〜20ステップ、2〜3セット実施します。

【方向転換動作のパフォーマンス向上のためのエクササイズ例】
①サイドスクワット（写真3-49）
横方向への重心移動を伴う代表的なエクササイズです。
□動作
・バーベルをかついで、肩幅より広いスタンスで直立した姿勢から、片側の膝と股関節を曲げてしゃがんですばやく切り返して直立姿勢に戻る動作を、左右交互に反復します。
□ポイント
・動作中には上半身が横方向にぶれないように注意します。
・バーベルは常に床と平行の角度を保ちます。
・足幅やしゃがみ込みの深さは、実際の競技動作に応じて決定します。
□トレーニング条件の目安
・正しい動作で20回以上反復できる負荷を用

第3章：実技編　代表的なスポーツ動作改善のための専門的エクササイズ

写真3-49. サイドスクワット

写真3-50. サイドランジ

・ステップの幅やしゃがみ込みの深さは、実際の競技動作の特性に応じて決定します。
□トレーニング条件の目安
・正しい動作で20回以上反復できる負荷を用いて、10〜12回、2〜3セット実施します。

③マルチアングルランジ（写真3-51）
　さまざまな方向への方向転換動作の改善に効果的なエクササイズです。
□動作
・直立姿勢から、片脚を前、側方、斜め、後方など、さまざまな方向にステップしてしゃがみ込み、切り返してもとの直立姿勢に戻る動作を行います。
□ポイント
・ステップする方向や沈み込みの深さは、実際の競技動作の特性に応じて決定します。
□トレーニング条件の目安
・正しい動作で20ステップ以上反復できる負荷を用いて、10〜12ステップ、2〜3セット実施します。

④片脚ラテラルホップ（写真3-52）
　横方向にジャンプしながらすやばい切り返し

いて、10〜12回、2〜3セット実施します。

②サイドランジ（写真3-50）
　横方向への方向転換動作に対応した代表的なエクササイズです。サイドスクワットと比べて、重心移動の距離や速度を大きくすることができます。
□動作
・バーベルを担ぎ、両脚をそろえて直立した姿勢から、片脚を横方向にステップしてしゃがみ込み、切り返してもとの姿勢に戻る動作を左右交互に反復します。
□ポイント
・ステップした時に、上半身やバーベルが横方向に傾かないように注意します。
・切り返し動作はできるだけすばやく行います。

55

写真 3-51. マルチアングルランジ
を行うエクササイズです。

□動作
・片脚で左右にジャンプする動作を反復します。

□ポイント
・着地して切り返す動作中には、膝がつま先と同じ方向を向くようにします。
・切り返し動作の際に、上半身が横方向に傾かないように注意します。

□トレーニング条件の目安
・体重負荷で10～20回、2～3セット実施します。

⑤スライドボードによるエクササイズ（写真

写真 3-53. スライドボードによるエクササイズ

写真 3-52. 片脚ラテラルホップ

3-53）
　切り返し動作のパワーの向上とともに、切り返し動作の正しい動きを習得しやすいエクササイズです。
□動作
・スライドボードを用いて、左右にスライドする動作を反復します。
□ポイント
・切り返し動作の際には、膝がつま先と同じ方向を向くようにします。
・切り返し動作の際に、上半身が横方向に傾かないように注意します。
□トレーニング条件の目安
・10〜30回、2〜3セット実施します。

5. 着地動作

　スポーツにおける着地動作は、バレーボールのスパイクやブロック、バスケットボールのランニングシュートやリバウンド、体操競技、スキーのジャンプ競技などでみられます。着地動作のパフォーマンスを向上させることは、プレーの質を高めるとともに、身体への負担の軽減や傷害予防にもつながります。

【着地動作のパフォーマンス向上のためのエクササイズ例】
①ランディング（両脚・前方）（写真 3-54）
　両脚で着地する動作のためのエクササイズです。
□動作
・台から前方に両脚で飛び降りて、床の上で衝撃をやわらげて静止します。
□ポイント

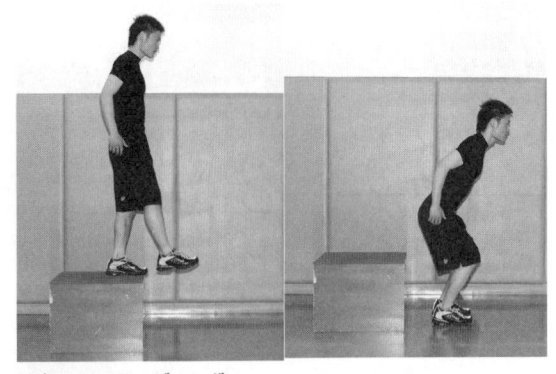

写真 3-54. ランディング

・着地時の衝撃吸収動作には、音を立てないようにソフトに行う方法と、音を立てて突っ張るようにして行う方法の2つがあります。実際の競技動作を考慮して選択します。
・着地脚（両脚か、片脚か）や、飛び降りる方向（前方、側方、斜め方向、後方など）、着地時の足の付き方（両足をそろえて着地、両足を前後に開いて着地など）、着地後のしゃがみ込みの深さなどについても、実際の競技動作に基づいて決定します。

□トレーニング条件の目安
・フォームを崩さずに15回程度反復できる負荷を用いて、5〜10回、2〜3セット実施します。

□バリエーション
・側方に飛び降りて片脚で着地する方法（写真3-55）

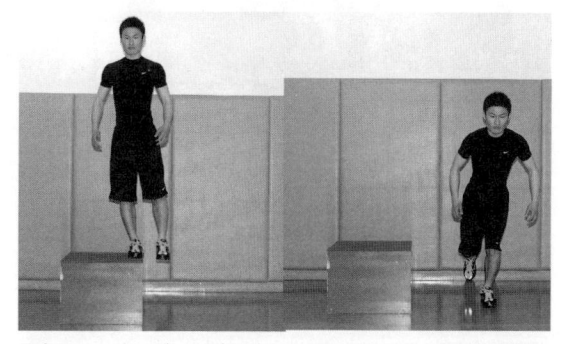

写真3-55. ランディングのバリエーション（側方に片脚で着地）

②ステップダウン（写真3-56）
　足を前後に開いた姿勢で着地する動作のエク

写真3-56. ステップダウン

ササイズです。特に前脚の着地機能を高める効果が期待できます。

□動作
・台に直立した姿勢から、床に片脚をステップして静止します。

□ポイント
・ステップする方向や沈み込みの深さなどは、実際の競技動作の特性に応じて決定します。

□トレーニング条件の目安
・フォームを崩さずに15回程度反復できる負荷を用いて、5〜10回、2〜3セット実施します。

□バリエーション
・側方にステップして静止する方法

③回転ジャンプからの着地（写真3-57）
　空中でバランスを崩してからの着地動作や、

写真3-57. 回転ジャンプからの着地

回転を伴うジャンプからの着地動作を改善するためのエクササイズです。

□動作
・直立姿勢から上方に跳び、180度回転して両脚で着地して静止します。

□ポイント
・回転の角度や、着地足については、実際の競技動作の特性に応じて決定します。

□トレーニング条件の目安
・フォームを崩さずに15回程度反復できる負荷を用いて、5〜10回、2〜3セット実施します。

□バリエーション
・片脚でジャンプして片脚で着地する方法（写真3-58）

写真3-58. 回転ジャンプからの着地（片脚でジャンプして着地）

6．側方への移動動作（サイドステップ動作）

バスケットボールのディフェンス、テニスやバドミントンのフットワーク、野球の守備や走塁などでは、側方にすばやく移動する能力が求められます。側方へ移動する動作のパワーを高めるためには、股関節の外転動作のエクササイズや上半身の姿勢支持能力を改善するためのエクササイズなどが有効です。

【側方への移動動作のパフォーマンス向上のためのエクササイズ例】
①股関節の外転動作のエクササイズ（写真3-59）

側方への移動動作の原動力となる股関節の外

写真3-59. 股関節外転動作のエクササイズ

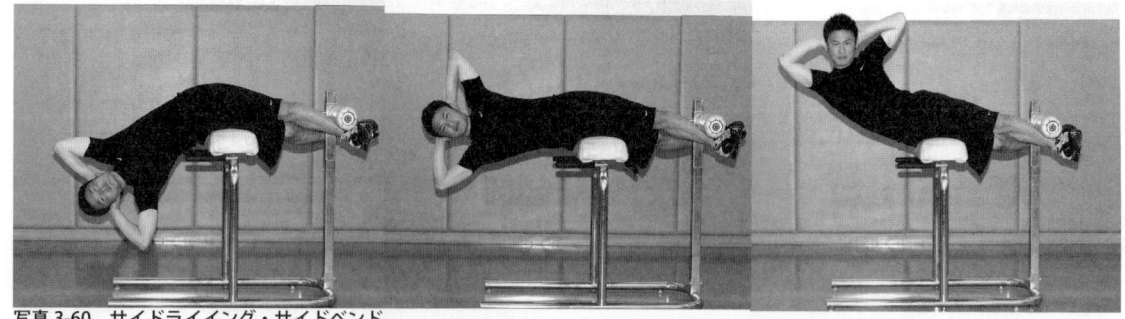

写真 3-60. サイドライイング・サイドベンド

転筋群を個別に強化するためのエクササイズです。
□動作
・専用のトレーニングマシンを用いて、股関節の外転動作を行います。
□ポイント
・動作中には腰部が動かないように注意します。
・最初はハンドルを保持して行いますが、慣れてきたらハンドルを保持せずにバランスをとりながら行います。
□トレーニング条件の目安
・正しいフォームで15回程度反復できる負荷を用いて、10回、2〜3セット実施します。

②サイドライイング・サイドベンド（写真3-60）
 サイドステップ動作中に上半身が側方に動揺しないように、正しい姿勢を保持できるようにすることを目的としたエクササイズです。
□動作
・ベンチに下半身を固定して横向きになり、ヘその少し上あたりを回転軸にして、上半身を上下に大きく動かします。
□ポイント
・回転軸が下がらないように注意します。
□トレーニング条件の目安
・正しいフォームで15回程度反復できる負荷を用いて、10回、2〜3セット実施します。

③レジスティッド・サイドステップ（写真3-61）
 サイドステップ動作のパワー改善のための全習型エクササイズです。
□動作
・プーリーのケーブルを腰のベルトに装着し、実際のサイドステップ動作を行います。
□ポイント
・上半身が進行方向に突っ込まないように注意します。
□トレーニング条件の目安
・フォームや動作中の感覚を損なわない範囲の負荷を用いて、5〜10ステップ、2〜3セット実施します。

写真 3-61. レジステッド・サイドステップ

7. プッシュ動作

すもうの突っ張り、アメリカンフットボールのライン選手のプッシュ動作、バレーボールのオーバーパス、バスケットボールのチェストパスなどでは、前方または上方に押す動作が見られます。プッシュ動作のパフォーマンス向上のためには、上肢の押すパワーを強化するだけでなく、下肢や体幹の姿勢支持力や、下肢から上肢へとパワーを伝達する能力を高めることも必要です。

【プッシュ動作のパフォーマンス向上のためのエクササイズ例】

①ダンベル・プッシュプレス（写真3-62）

上方へ押す動作のパワー向上と、下肢から上肢へとパワーを伝達する能力を高めることを目的としたエクササイズです。

□動作
・直立姿勢でダンベルを肩の高さに保持し、床をキックして、勢いよくダンベルを挙上します。
・挙上した時には、からだ全体をまっすぐに伸ばしきります。

□ポイント
・床をキックした勢いを上肢へとうまく伝達するイメージで動作を行います。
・動作中に腰が反りやすいので注意します。

□トレーニング条件の目安
・正しいフォームで12～15回程度反復できる負荷を用いて、5～10回、2～3セット実施します。

②メディシンボールによるプッシュ動作のエクササイズ（写真3-63）

メディシンボールを用いて、実際の競技動作の投射方向や動きの詳細を再現することができるエクササイズです。

□動作

写真3-62. ダンベル・プッシュプレス

写真3-63. メディシンボールによるプッシュ動作のエクササイズ

・直立姿勢で胸の前にメディシンボールを両手で保持した姿勢から、前方へ全力でプッシュする動作を行います。
□ポイント
・脚の位置や姿勢、ボールの投射方向などについては、実際の競技動作に応じて決定します。
□トレーニング条件の目安
・2〜5kgのメディシンボールを用いて、5〜10回、2〜3セット実施します。

> **コラム：コンプレックス法**
>
> 　短時間内に大きなパワーを発揮する能力を、爆発的パワーと呼んでいます。爆発的パワーを高めるためのトレーニングとしては、通常、最大筋力の75%程度の負荷を用いて全力スピードで動作を行うトレーニングや高負荷によるクイックリフトが行われますが、特殊な方法としてコンプレックス法というテクニックが用いられる場合があります。
>
> 　コンプレックス法の具体例としては、パラレルスクワット(大腿部の上端部が床と平行までしゃがむスクワット)の1RMの1~1.5倍の重量を超える非常に重い重量を用いて、クオータースクワット(膝と股関節が120度程度までしゃがむスクワット)を5~10回行った直後に、リバウンド型の連続ジャンプを5~10回行うといった方法があります。このようなコンプレックス法の効果やそのメカニズムについては、未だ科学的に十分検証されていませんが、高負荷のクオータースクワットによって、神経系に大きなインパクトを与え、これが残存した状態でジャンプ運動を行うことによって、神経系に特別な刺激を与えることができ、これがパワー改善やプラトーの打破につながるのではないかと考えられています。
>
> 　上半身のプッシュ動作のパワー向上を目的とした場合には、ベンチプレスの最大挙上重量の5~20%増の負荷で可動域のごく狭いベンチプレスを5~10回行った後に、メディシンボールによるチェストパスや、手たたきプッシュアップを5~10回行うといった方法が用いられます。

第4章：実技編
スポーツ競技別の専門的エクササイズ

　この章では、スポーツ競技別に強化すべき代表的な動作と、その動きのパフォーマンス向上のための専門的エクササイズを紹介します

1．野球

1）バッティング動作

【パフォーマンス改善のための要因とエクササイズ】

バッティング動作のパフォーマンス改善のためには、身体をしっかり支える下肢の最大筋力を養うとともに、構えた時の片脚荷重姿勢や重心移動の際の安定性を養うことが必要です。このためには、スクワットのような一般的エクササイズを通じて一定レベルの筋力を身につけるとともに、片脚支持姿勢のエクササイズ（片脚スクワットなど）や、ステップ動作を伴うエクササイズ（サイドランジなど）を取り入れます。

バットスイングのスピードを高める重要な要素として、腰と体幹の回旋動作のパワーや腕の引き動作、手首を返す動き（前腕の回外・回内動作）があり、パフォーマンス向上のためには、これらの動きを含む分習的・複合的エクササイズを取り入れます。

【下肢の専門的エクササイズ】
①片脚スクワット（写真4-1）

写真4-1．片脚スクワット

下肢の筋力基盤の養成と、片脚支持によるバランスや姿勢の保持能力を向上させることを目的としたエクササイズです。

□動作
・片脚立ちになって、膝と股関節が90度になるところまでしゃがんで立つ動作を行います。臀部が横方向に移動しやすいので注意します。

□トレーニング条件の目安
・最初は体重負荷にて実施し、負荷を高めたい場合には、ダ

一般的エクササイズ	
主要エクササイズ	補助エクササイズ
ベンチプレス、スクワット、パワークリーンなどによる筋力基盤の獲得、パワーの伝達能力改善	身体各部位のエクササイズ：弱点部位の強化　傷害予防のエクササイズ：傷害予防

↓活用

専門的エクササイズ（分習型）		
下肢の専門的エクササイズ	体幹の専門的エクササイズ	上肢の専門的エクササイズ
①片脚スクワット、②サイドランジ ③股関節回旋動作	①サイドライイング・サイドベンド ②サイドライイング・トランクツイスト ③スタンディング・ダンベルツイスト ④メディシンボール・ツイストスロー	①プーリーによるバッティングの模擬動作 ②前腕の回内・回外動作

↓統合

専門的エクササイズ（複合型・全習型）
①ツイストランジ、②メディシンボールによるバッティングの模擬動作、など

図4-1．バッティング動作改善のためのエクササイズの選択と構成（例）

ンベルを保持して行います。
・正しいフォームで15回程度反復できる負荷にて、10回、2〜3セット実施します。

②サイドランジ（写真4-2）

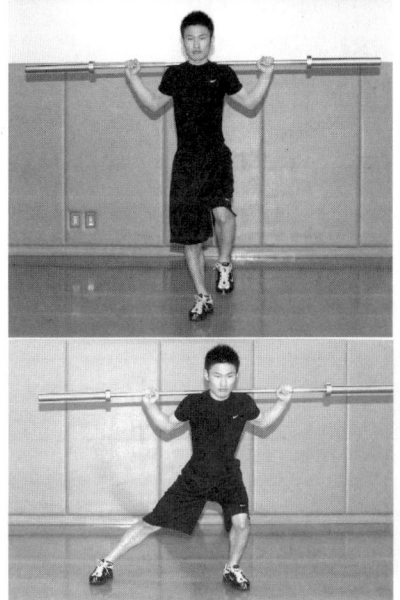

写真 4-2. サイドランジ

　バッティング動作にみられる側方への重心移動と、着地後の姿勢保持能力の改善を目的としたエクササイズです。
□動作
・バーベルを肩に担いで直立した姿勢から、横方向（右打者の場合には、左方向）に、バッティング動作時のスタンス程度にステップして静止します。
・バッティング動作との関連を考慮した場合には、ステップした時にすばやく切り返す動作

は行わず、急ブレーキをかけるようにして静止する方法を採用します。
□トレーニング条件の目安
・静止した時に姿勢が崩れない範囲のウエイトを用いて、5〜10回、2〜3セット実施します。

③ヒップ・ローテーション（写真4-3）
　バッティング動作において、最初にパワーを産み出す原動力となる骨盤の回転は、左右の股関節の回旋動作によって引き起こされます。ここでは、股関節の回旋動作専用のトレーニング器具を使用する方法を紹介します。
□動作
・専用マシンの回転台の上に足を載せ、股関節の内旋や外旋の動作を行います。
□トレーニング条件の目安
・正しいフォームが維持でき、実際の動作の感覚を損なわない範囲の負荷を用いて、10〜15回、2〜3セット実施します。

写真 4-3. ヒップ・ローテーション

【体幹の専門的エクササイズ】
①ライイング・サイドベンド（写真4-4）
　重心が水平方向へ移動した後、体幹を回旋させる動作へと移行する際の上半身の横ぶれを防ぎ、回転軸を安定させることを目的としたエクササイズです。
□動作

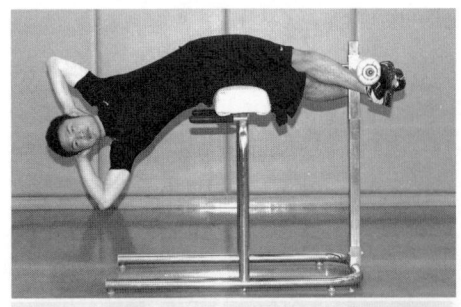

写真4-4. ライイング・サイドベンド

写真4-5. ライイング・トランクツイスト

・ベンチなどに下半身を固定して横向きになり、へそのあたりを中心軸として上半身を上下に動かします。
・右打者の場合には、左肩を上にして横向きになります。
□トレーニング条件の目安
・正しい動作で15回程度反復できる負荷を用いて、10～15回、2～3セット実施します。
・負荷の大きくしたい場合には、胸の前にウエイトを保持します。

②ライイング・トランクツイスト（写真4-5）
　回旋軸の支持能力と回旋動作のパワーの両方の改善を図ることができるため、非常に効果的なエクササイズです。
□動作
・ベンチなどに下半身を固定して横向きになり、胸の前に両手でウエイト保持して、上半身を回旋する動作を行います。
・右打者の場合には左肩を上にして身体を固定し、上半身を右から左へとひねります。
□トレーニング条件の目安
・正しい動作で15回程度反復できる負荷を用いて、10～15回、2～3セット実施します。

③スタンディング・ダンベル・ツイスト（写真4-6）

写真4-6. スタンディング・ダンベル・ツイスト

□動作
・直立姿勢で胸の前にウエイトを両手で保持して、上半身の軸を保ちながらダンベルを勢いよく回旋させます。
・右打者の場合には、上半身を左から右方向へとできるだけすばやく回旋し、動作の後半では急激に静止します。
□トレーニング条件の目安

第4章：実技編　スポーツ競技別の専門的エクササイズ

・レバレッジバーのグリップを保持して、ベンチに前腕部を固定し、前腕の回内・回外動作を行います。
・右打者の場合、左側は回外、右側は回内動作を重点的に実施します。

写真 4-7. プーリーによるバッティングの模擬動作

・正しい動作で15回程度反復できる負荷を用いて、10〜15回、2〜3セット実施します。

【上肢の専門的エクササイズ】
①プーリーによるバッティングの模擬動作（写真 4-7）
　バッティング動作時の上半身の動作を再現したエクササイズです。ここでは、立位でプーリーを使用する方法を紹介しますが、ベンチに横臥位になって、ダンベルを用いて動作を行う方法もあります。
□動作
・右打者の場合、左手でプーリーの先端を保持して、斜め下方向へと肩を中心に腕をすばやく振って、バッティングの模擬動作を行います。

写真 4-8. レバレッジバーによる回内動作

□トレーニング条件の目安
・実際の動作の感覚を損なわず、すばやい動作が行える範囲のウエイトを用いて、10回、2〜3セット実施します。

②レバレッジバーによる前腕回内・回外動作（回内動作:4-8、回外動作:4-9）
　バッティング動作中にみられる前腕部の回内・回外動作を強化するためのエクササイズです。
□動作

写真 4-9. レバレッジバーによる回外動作

67

【複合型の専門的エクササイズ】

①ツイスト・ランジ（写真 4-10）

　バッティング動作の下肢と体幹の動きを再現したエクササイズです。

□動作

・バーベルを肩にかついで、直立した姿勢から片脚を横にステップし、着地した後に体幹を回旋させる動作を行います。

□トレーニング条件の目安

・フォームを崩さず、実際の動作の感覚を損なわない範囲のウエイトを用いて、10〜12回、2〜3セット実施します。

②メディシンボールによるバッティングの模擬動作（写真 4-11）

　メディシンボールを用いて、バッティング動作をシミュレートしたエクササイズです。

□動作

・メディシンボールを両手に保持して、実際と同様のバッティング動作を行い、前方または側方（右打者の場合は左方向）に向かって全力で投げる動作を行います。

・メディシンボールを投げる際には、ネットや壁にぶつけると、跳ね返って戻ってきたボールを拾って連続的に実施することができます。

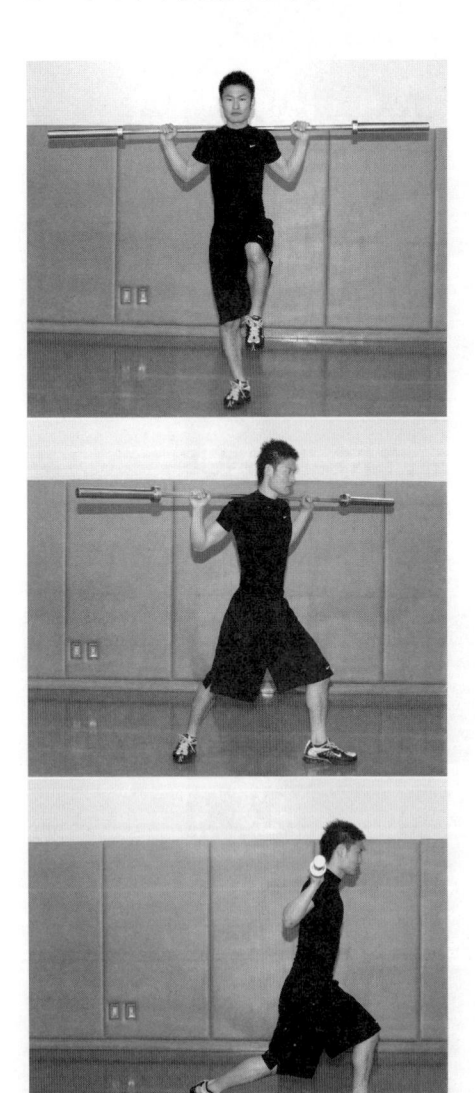

写真 4-10. ツイスト・ランジ

写真 4-11. メディシンボールによるバッティングの模擬動作

□トレーニング条件の目安
・2～5kgのメディシンボールを用いて、5～10回、2～3セット実施します。。

2）投手や野手の投球動作

写真4-12. 片脚スクワット

・最初は体重負荷にて実施し、負荷を高めたい場合には、ダンベルを保持して行います。
・正しいフォームで15回程度反復できる負荷にて、10回、2～3セット実施します。

②サイドランジ（写真4-13）

写真4-13. サイドランジ

投手や野手の投球動作の改善のためには、バッティング動作と同様に、片脚支持姿勢や重心移動の安定性や、腰と体幹の回旋動作のパワーを高めることが重要です。また、ボールのスピードに影響する腕を振る動きの改善を図るために、オーバーヘッド動作を含むエクササイズを実施します。

【下肢の専門的エクササイズ】
①片脚スクワット（写真4-12）
下肢の筋力基盤の養成と、片脚支持によるバランスや姿勢の保持能力を向上させることを目的としたエクササイズです。
□動作
・片脚立ちになって、膝と股関節が90度になるところまでしゃがんで立つ動作を行います。臀部が横方向に移動しやすいので注意します。
□トレーニング条件の目安

側方への重心移動と、着地後の姿勢保持能力の改善を目的としたエクササイズです。

□動作
・バーベルを肩に担いで直立した姿勢から、横方向（右打者の場合には、左方向）に、バッティング動作時のスタンス程度にステップして静止します。
□トレーニング条件の目安
・静止した時に姿勢が崩れない範囲のウエイトを用いて、5〜10回、2〜3セット実施します。

③ステップダウン（写真4-14）

写真4-14．ステップダウン

投手が、マウンドの高い場所から低い場所へとステップする際の動作を再現したエクササイズです。
□動作
・バーベルを肩にかついで、20〜30cmの高さの台に直立した姿勢から、側方に片脚を踏み出して静止する動作を行います。
□トレーニング条件の目安
・正しいフォームが維持でき、実際の動作の感覚を損なわない範囲の負荷を用いて、10回、2〜3セット実施します。

【体幹の専門的エクササイズ】
①ツイスティングシットアップ（写真4-15）
　上半身を前傾させながら回旋する動きのエクササイズです。
□動作
・膝を直角に曲げて仰向けになり、上半身を動作方向と反対にひねった姿勢から、上半身をひねりながら起こす動作を行います。
・上半身を起こしきったら、開始姿勢まで上半身をひねり戻しながら下ろしていきます。
□トレーニング条件の目安
・正しいフォームですばやい動きが行える腹筋台の角度に設定し、10回2〜3セット実施します。
・負荷を大きくしたい場合は、両手にウエイトを保持します。

②バランスボールを用いたツイスティング

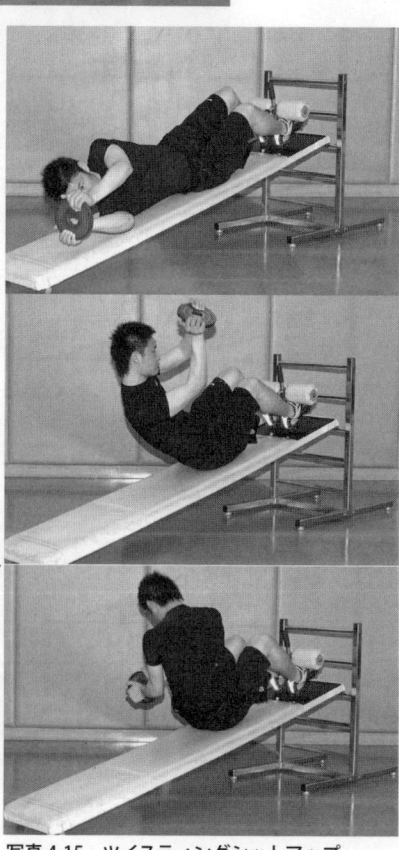

写真4-15．ツイスティングシットアップ　　写真4-16．バランスボールを用いたツイスティングシットアップ

シットアップ（写真 4-16）
　ツイスティングシットアップの動作をバランスボール上で行うことにより、重心位置をコントロールする能力を養うことができます。
□動作
・両脚を床につけて膝を曲げてバランスボールの上に背中をのせた姿勢で、上半身をひねりながら前傾する動作を反復します。
□トレーニング条件の目安
・正しいフォームですばやい動きが行える範囲のウエイトを両手に保持して、10回2～3セット実施します。

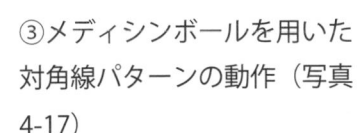

③メディシンボールを用いた対角線パターンの動作（写真4-17）
　実際の投球動作のスタンスと姿勢を再現した体幹のエクササイズです。
□動作
・投球動作時のスタンスで、利き手側の肩の上に両手でメディシンボールを保持して、反対側の腰に向かって、上半身をひねりながらボールをできるだけすばやく振り下ろす動作を反復します。
□トレーニング条件の目安
・正しいフォームですばやい動きが行える範囲の重さのメディシンボールを用いて、10回2～3セット実施します。
・プーリーを用いて行う方法もあります（写真4-18）

【上肢の専門的エクササイズ】
①ダンベル・プルオーバー（写真4-19）

写真4-17．メディシンボールを用いた対角線パターンの動作

写真4-18．プーリーを用いた対角線パターンの動作

上肢のオーバーヘッド動作の最大筋力の向上と、可動域の改善を目的としたエクササイズです。
□動作

写真4-19．ダンベル・プルオーバー

・身体の長軸がベンチに対して直角になるようにして、背中をシートに付けて仰向けになり、1個のダンベルを両手で保持して頭上に振りかぶった姿勢から、肩を中心に腕を振り上げてダンベルを挙上する動作を反復します。

□トレーニング条件の目安
・正しいフォームで12回以上反復できる負荷を用いて、10回、2～3セット実施します。

②バランスボール上でのプルオーバースロー（写真4-20）

□エクササイズの特徴
・床の上で行う方法と比べて可動範囲が大きく、肩甲骨の動きの制限を受けにくい長所があります。
・下肢や体幹の姿勢支持能力を養う効果も期待できます。

□動作
・両脚で床を支持してバランスボールに背中の中央部をのせて仰向けになり、パートナーが投げたメディシンボールを胸の上でキャッチして頭上に振りかぶり、パートナーにボールを投げ返します。

□トレーニング条件の目安
・1～2kgのメディシンボールを用いて、5～10回、2～3セット実施します。

③メディシンボール・オーバーヘッドスロー（両膝立ち姿勢または立位）（写真4-21）

□動作
・片膝立ち姿勢または両脚を前後に開いた直立姿勢になり、額の前にメディシンボールを両手で保持した姿勢から、後方に振りかぶってすばやく切り返し、前方にボールを全力で投げます。
・ボールを後方に振りかぶった時には、肩甲骨

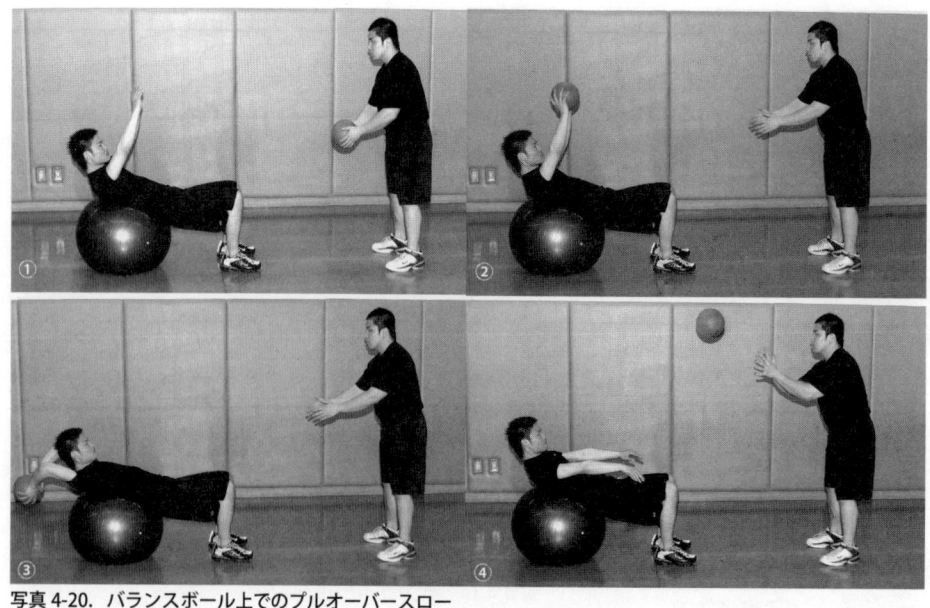

写真4-21．メディシンボール・オーバーヘッドスロー

写真4-20．バランスボール上でのプルオーバースロー

を十分に内側に締め、上腕部が耳よりも後方にくるようにします。
□トレーニング条件の目安
・1～2kgのメディシンボールを用いて、5～10回、2～3セット実施します。

【全習型の専門的エクササイズ】
①タオルを保持して行うシャドウ・ピッチング（写真4-22）
□動作
・タオルを手に持って、実際の投球動作を行います。
□トレーニング条件の目安
・10回、2～3セット実施します。
・タオルの大きさや重さを変えることによって負荷を調整することができます。

写真4-22. タオルを保持して行なうシャドウ・ピッチング

3）野手の守備動作

　野手の守備動作のパフォーマンス向上のためのエクササイズとしては、ボールの方向にすばやく反応してステップするエクササイズやパートナーの指示に反応して動作を行うエクササイズのほか、ステップした後の捕球時に上半身をかがめる動作を再現したエクササイズも効果的です。

①サイドスクワット（写真4-23）
　側方への重心移動動作の改善を目的としたエクササイズです。
□動作
・広めのスタンスで直立して肩にバーベルをかつぎ、片側の膝と股関節を曲げてしゃがんで静止し、元の姿勢に戻る動作を反復します。

写真4-23. サイドスクワット

□トレーニング条件の目安
・正しいフォームで15回以上反復できる負荷を用いて、10回、2〜3セット実施します。

②マルチアングルランジ（写真4-24）
　ボールの方向にすばやく反応してステップする動作を改善するためのエクササイズです。
□動作
・ダンベルやプレート、メディシンボールなどのウエイトを保持して直立した姿勢から、パートナーがランダムに指示した方向へすばやくステップして静止した後、直立姿勢に戻る動作を反復します。
□トレーニング条件の目安
・すばやい動きによる正しいフォームで15回以上反復できる負荷を用いて、10回、2〜3セット実施します。

③リーチランジ（写真4-25）
　片脚をステップしながら上半身をかがめて捕球する動作を再現したエクササイズです。
□動作
・ダンベルやプレート、メディシンボールなどのウエイトを両手で保持して直立した姿勢から、さまざまな方向にステップした後、上半身をかがめてウエイトを床の近くまで下ろして静止し、開始姿勢に戻る動作を反復します。
・上半身をかがめた時には、腰を丸めないように注意します。

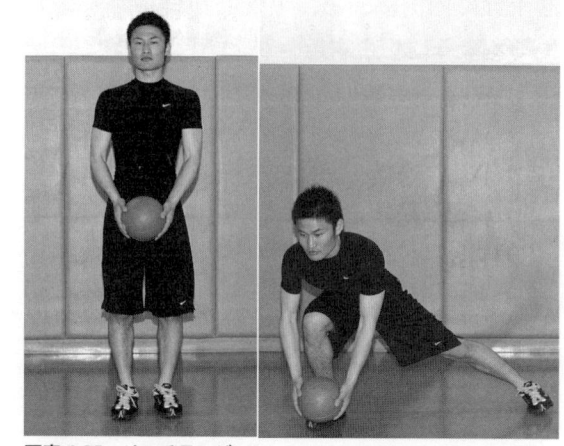

写真4-25．リーチランジ

・ステップする方向や、ウエイトを下ろす位置は、課題とする技術との関連を考慮して決定します。
□トレーニング条件の目安
・正しいフォームで12回以上反復できる負荷を用いて、10回、2〜3セット実施します。

写真4-24．マルチアングルランジ

2．サッカー

1）方向転換動作

サッカーにみられるすばやい切り返し動作の改善のためには、さまざまな方向にステップして切り返す動きの各種ランジを実施します。バリエーションとしてクロスステップの動きを含むものも取り入れると効果的です。

①サイドランジ（写真 4-26）

写真 4-26．サイドランジ

側方への重心移動からの切り返し動作の改善を目的としたエクササイズです。
□動作
・バーベルを肩に担ぐか、プレートを胸の前に保持して直立した姿勢から、横方向にステップし、できるだけすばやく切り返して元の姿勢に戻る動作を反復します。

□トレーニング条件の目安
・すばやい切り返しを行っても姿勢が崩れない範囲のウエイトを用いて、10〜12回、2〜3セット実施します。

②クロスステップランジ（写真 4-27）

クロスステップした後に切り返す動作を改善するためのエクササイズです。
□動作
・プレートを胸の前に保持して直立した姿勢から、クロスステップ動作を行い、すばやく切り返して元の姿勢に戻る動作を反復します。
・軸脚の膝がねじれないようにするために、軸脚の母指球を中心にかかとを回転させ、膝とつま先がつねに同じ方向を向くようにします。
□トレーニング条件の目安
・すばやい切り返しを行っても姿勢が崩れない範囲のウエイトを用いて、10〜12回、2〜3セット実施します。

写真 4-27．クロスステップランジ

③片脚交互ラテラルホップ（写真 4-28）

横方向に左右の脚で交互にすばやく切り返す動きのエクササイズです。
□動作
・片脚立ちの姿勢から、支持脚と反対側にジャンプして反対側の脚で着地してすばやく切り返して、元の姿勢に戻る動作を反復します。切り返しの局面では、膝や足首の関節角度を固定して突っ張るようにして強くキックしま

写真 4-28. 片脚交互ラテラルホップ

写真 4-29. 片脚ラテラルホップ

す。
□トレーニング条件の目安
・負荷は用いずに 10 回、2 〜 3 セット実施します。慣れてきたら、軽いウエイトを胸の前に保持して行います。

④片脚ラテラルホップ（写真 4-29）
　片脚のみで左右にすばやくきりかえす動作のエクササイズです。
□動作
・片脚立ちになって、片脚のみで左右にジャンプしてすばやく切り返す動作を反復します。
・片脚のみで一方向に 2 〜 5 回連続的にジャンプを行い、ランダムなパートナーの指示によって切り返す方法も効果的です。
□トレーニング条件の目安
・負荷は用いずに 10 回、2 〜 3 セット実施します。

2）キック動作

　サッカーのキック動作改善のためのエクササイズとしては、股関節を中心に脚部をキックする動作のパワーを高めるとともに、片脚支持姿勢で骨盤や上半身を安定させるためのエクササイズも導入すると効果的です。

①ヒップマシンを使用したキック動作のエクササイズ（写真 4-30）
　キック動作中の支持脚や体幹の安定性の向上と、キック動作に関わる蹴り脚側の股関節周辺の筋力及びパワーを高めることを目的としたエクササイズです。
□動作
・ヒップマシンの前に片脚立ちになり、実際にボールをキックする動きを再現したフォームでマシンのローラーをできるだけすばやく

第4章：実技編　スポーツ競技別の専門的エクササイズ

写真 4-30．ヒップマシンを使用したキック動作のエクササイズ

キックする動作を行います。
・最初は、マシンのフレームを保持して行い、慣れてきたらフレームを持たずにバランスをとりながら動作を行います。
・強化したいキック動作（インステップキック、インサイドキックなど）に応じて立ち位置やキックの方向を調整します。
□トレーニング条件の目安
・キック動作そのもののエクササイズについては、大きな負荷は必要としません。
・正しいフォームで20回以上反復できる負荷を用いて、10回、2～3セット実施します。

②片脚立ち姿勢での股関節の内外転（写真4-31）
　キック動作中の支持脚と体幹の安定性の向上を目的としたエクササイズです。
□動作
・片脚立ちになって、股関節を中心に、腰から上を一定の姿勢に保ったまま、左右に傾ける動作を行います。ゆっくりとした動作でバランスをとりながら行います。
□トレーニング条件の目安
・最初は負荷を用いずに、10～12回、2～3セット実施します。慣れてきたら、ヒップマシンを使用して負荷を増やして行きます。

3）ヘディング動作

　ヘディング動作のパフォーマンス改善のためには、高く跳ぶために必要なジャンプ力向上に関わる各種エクササイズを実施する他、ヘディング時の頸周辺に加わる負荷に対応するためのエクササイズを採用します。ここでは、頸のエクササイズを紹介します。

①頸の徒手抵抗エクササイズ
　ヘディング動作中に頸に加わる衝撃から頸椎を保護するとともに、ボールを目的とした方向に移動させるためのさまざまな頸の動きの筋力を高めるためのエクササイズです。
□動作
・ネックエクステンション（写真4-32）
　ベンチにうつぶせになって、パートナーが後頭部に手で負荷をかけて頭を上げる動作を行います。頭を十分に上げきったら、パート

写真 4-31．片脚立ち姿勢での股関節の内外転

77

ナーの負荷に耐えながらゆっくりと開始姿勢に戻る動作を反復します。

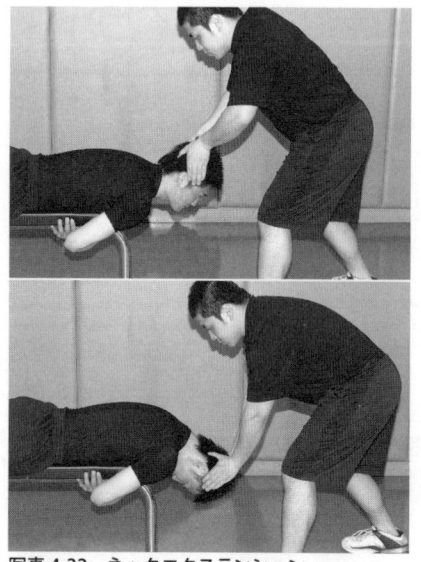

写真4-32. ネックエクステンション

・ネックフレクション（写真4-33）

ベンチに仰向けになって、パートナーが額に手で負荷をかけて頭を上げる動作を行います。頭を十分に上げきったら、パートナーの負荷に耐えながらゆっくりと開始姿勢に戻る動作を反復します。

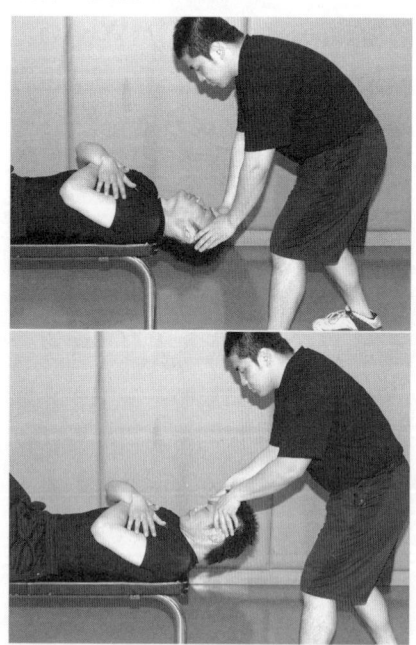

写真4-33. ネックフレクション

・ネック・サイドフレクション（写真4-34）

ベンチに座り、パートナーが左右の側頭部に手で負荷をかけて頸を左右に倒す動作を行います。

□トレーニング条件の目安
・パートナーは、フォームが崩れない範囲の負荷をかけ、上げる動作と下ろす動作がそれぞれ2〜3秒の一定スピードになるようにして、10回、2セット程度実施します。

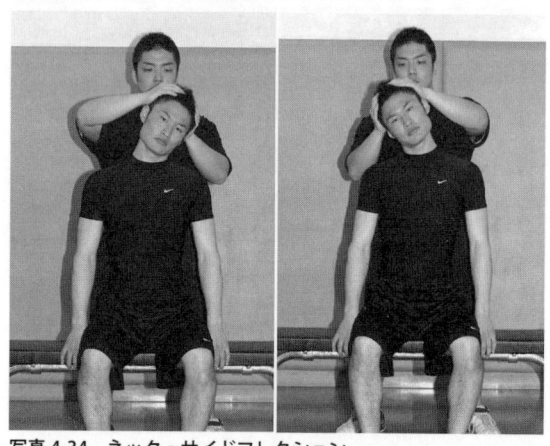

写真4-34. ネック・サイドフレクション

②ショルダーシュラッグ（写真4-35）

ヘディング時の頸や肩の安定性の改善のためのエクササイズです。他の選手と肩でコンタクトした際の傷害予防にも効果的です。

□動作
・両手にダンベルを持って直立した姿勢で、肩をすくめる動作を反復します。

□トレーニング条件の目安
・正しいフォームで12回程度反復できる負荷を用いて、10〜12回、2〜3セット実施し

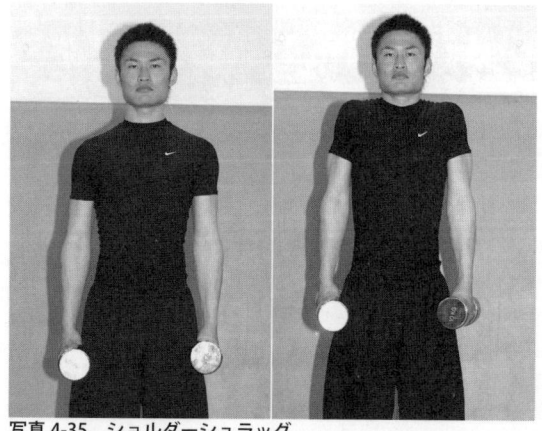

写真4-35. ショルダーシュラッグ

第4章：実技編　スポーツ競技別の専門的エクササイズ

4）スローイン動作

スローイン動作では、第3章で取り上げた投打動作のためのエクササイズが適用されますが、特にオーバーヘッド動作に関わる上肢のエクササイズを採用すると効果的です。

①ダンベル・プルオーバー（写真4-36）

上肢のオーバーヘッド動作の最大筋力を向上させるための代表的なエクササイズです。

□動作
- 身体の長軸がベンチに対して直角になるようにして、背中をシートに付けて仰向けになり、1個のダンベルを両手で保持して頭上に振りかぶった姿勢から、肩を中心に腕を振り上げてダンベルを挙上する動作を反復します。
- ダンベルを下ろした時には、肩甲骨を十分に内側に締め、広背筋や上腕三頭筋をストレッチさせます。

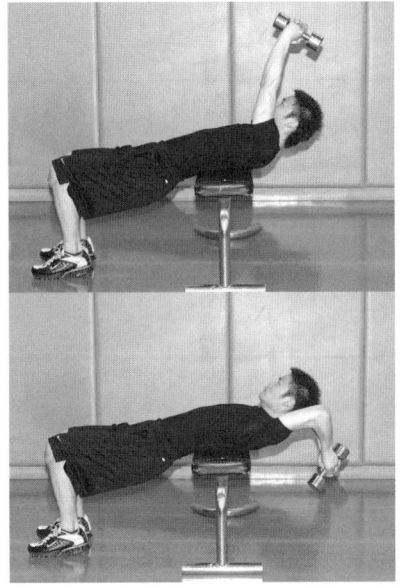

写真4-36. ダンベル・プルオーバー

□トレーニング条件の目安
- 正しいフォームで12回以上反復できる負荷を用いて、5～10回、2～3セット実施します。

②バランスボール上でのプルオーバースロー（写真4-37）

オーバーヘッド動作のパワー改善とともに、下肢や体幹の姿勢支持能力を養う効果も期待できるエクササイズです。

□動作
- 両脚で床を支持した状態でバランスボール

写真4-37. バランスボール上でのプルオーバースロー

に背中の中央部をのせて仰向けになり、パートナーが投げたメディシンボールを胸の上でキャッチして頭上に振りかぶり、パートナーにボールを投げ返します。
□トレーニング条件の目安
・1～2kgのメディシンボールを用いて、5～10回、2～3セット実施します。

③スタンディング・オーバーヘッドスロー（写真4-38）
　スローイン動作を再現した全習型エクササイズです。
□動作
・直立姿勢になって、メディシンボールを両手で保持した姿勢から、後方に振りかぶってすばやく切り返し、前方にボールを全力で投げます。助走をつけて行う方法も効果的です。
□トレーニング条件の目安
・1～2kgのメディシンボールを用いて、5～10回、2～3セット実施します。

のエクササイズを紹介します。

①挙手姿勢でのシュラッグ（写真4-39）
　より高く両手を上げるための肩甲骨の挙上動作のエクササイズです。
□動作
・メディシンボールを両手で頭上に保持し、肘を伸ばしたまま、肩甲骨を上下に大きく動かします。
□トレーニング条件の目安
・2～3kgのメディシンボールを用いて、10～20回、2～3セット実施します。

写真4-38．スタンディング・オーバーヘッドスロー

写真4-39．挙手姿勢でのシュラッグ

5）ゴールキーパーの挙手動作

　ゴールキーパーは、ボールの方向に対してすばやく反応して移動する能力とともに、上方向へのボールに対しては、両手を高く上げた姿勢が要求されます。ここでは、挙手姿勢

3. バレーボール

1) スパイク動作

バレーボールのスパイク動作改善のための専門的エクササイズとしては、「ジャンプ力の向上」、「空中での体幹支持能力の改善」、「上肢のオーバーヘッド動作のパワー向上」の3つの課題に応じた分習的エクササイズをベースとしながら、全体を統合させていきます。

【ジャンプ動作改善のための専門的エクササイズ】
①デプスジャンプ（写真4-40）

写真4-40. デプスジャンプ

助走からジャンプへの踏切時のパワーを向上させることを目的としたエクササイズです。
□動作
・30～60cmの高さの2つの台を50～60cmくらいの間隔で並べ、2つの台に左右の脚をのせて直立した姿勢から、台の間の床に飛び降り、すばやく切り返してジャンプして開始姿勢に戻る動作を反復します。
・着地時には、股関節と膝と足首を固定し、突っ張るようにして強く踏み切ってジャンプします。
□トレーニング条件の目安
・正しい踏切動作が可能な高さの台を用いて、5～10回2～3セット実施します。

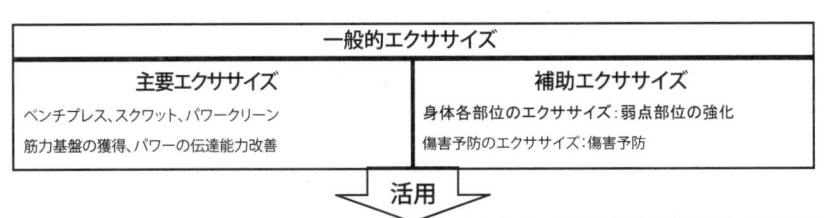

一般的エクササイズ		
主要エクササイズ		補助エクササイズ
ベンチプレス、スクワット、パワークリーン 筋力基盤の獲得、パワーの伝達能力改善		身体各部位のエクササイズ：弱点部位の強化 傷害予防のエクササイズ：傷害予防

↓活用

専門的エクササイズ（分習型）		
下肢の専門的エクササイズ	体幹の専門的エクササイズ	上肢の専門的エクササイズ
各種ジャンプエクササイズ 例）①デプスジャンプ ②3歩助走ジャンプ	①ツイスティング・シットアップ ②メディシンボール・シットアップスロー	①プルオーバー ②メディシンボール・オーバーヘッドロー

↓統合

専門的エクササイズ（複合型・全習型）
①メディシンボールを用いたスパイクの模擬動作など

図4-2. スパイク動作改善のためのエクササイズの選択と構成（例）

写真 4-41．3歩助走ジャンプ

② 3歩助走ジャンプ（写真 4-41）

　レフトやライトの選手にみられる 3歩助走からのスパイクの跳躍高を改善することを目的としたエクササイズです。

□動作

・壁のマーカーや天井からぶら下がった目標物などに向かって、3歩の助走をつけて、実際のスパイクと同じ動作で、できるだけ高くジャンプします。着地の際には、膝と股関節をうまく使って衝撃をやわらげます。

□トレーニング条件の目安

・5～10回、2～3セット実施します。

【体幹の専門的エクササイズ】

①ツイスティングシットアップ（写真 4-42）

　ボールを打つ動作を行う際の体幹のひねり動作のパワー向上のためのエクササイズです。スパイクでボールを打つ局面の動作は空中で行われるため、足で床を踏ん張って身体を固定し、この反作用を利用することができない（オープンキネティックチェーン動作）ことから、足を床から浮かせ、床に臀部のみを着けてバランスをとりながら動作を行うと効果的です。

□動作

・床に仰向けになって脚部と上半身を浮かせ、メディシンボールを両手に持って、利き手側の肩の上に保持し、上半身を利き手側にひねった姿勢から、上半身を反対側にひねって起こす動作を反復します。

・動作中にはバランスが崩れないように注意します。

□トレーニング条件の目安

写真 4-42．ツイスティング・シットアップ

写真 4-43．バランスボールを用いたツイスティング・シットアップ

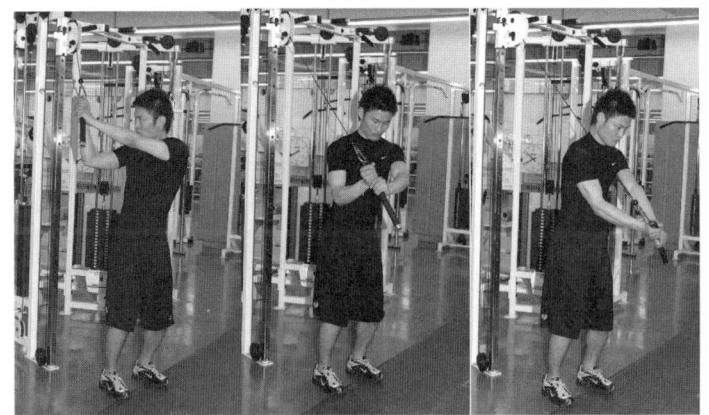

第4章：実技編　スポーツ競技別の専門的エクササイズ

写真 4-44. プーリーによるチョッピング

・正しいフォームで15回以上反復できる負荷を用いて、10回、2〜3セット実施します。
□バリエーション
・バランスボール上で行う方法も効果的です（写真4-43）

②プーリーによるチョッピング（写真4-44）
　立位姿勢で行う体幹のひねり動作のパワー向上のためのエクササイズです。
□動作
・プーリーに対して背中を向けて立ち、ケーブルの先端につけたグリップを利き手側の肩の上で保持した姿勢から、上半身をひねりながら前に倒す動作を反復します。
□トレーニング条件の目安
・正しいフォームで15回以上反復できる負荷で、10回、2〜3セット実施します。

③メディシンボール・シットアップスロー（写真4-45）
　体幹と上肢の動作の複合型のエクササイズです。
□動作
・床に仰向けになって、上半身を少し起こした姿勢で、パートナーからメディシンボールをトスしてもらい、ボールをキャッチしたら頭上に振りかぶって上半身を床に下ろしてすばやく切り返し、上半身を床から起こしながらボールを全力で投げる動作を行います。
□トレーニング条件の目安
・正しい動作で20回以上反復できる負荷で、できるだけすばやく10回、2〜3セット実施します。

【上肢の専門的エクササイズ】
①プルオーバー（写真4-46）
　オーバーヘッド動作に関わる上肢の動きの筋力強化のための代表的なエクササイズです。

写真 4-45. メディシンボールシットアップスロー

写真 4-46. プルオーバー

□動作
・身体の長軸がベンチに対して直角になるようにして、背中をシートに付けて仰向けになり、1個のダンベルを両手で保持して頭上に振りかぶった姿勢から、肩を中心に腕を振り上げてダンベルを挙上する動作を反復します。
・ダンベルを下ろした時には、肩甲骨を十分に内側に締め、広背筋や上腕三頭筋をストレッチさせます。
・プーリーを用いる方法も効果的です。
□トレーニング条件の目安
・正しいフォームで15回以上反復できる負荷を用いて、5〜10回、2〜3セット実施します。

②スタンディング・オーバーヘッドスロー（写真4-47）
　立位で行うオーバーヘッド動作のパワー向上のためのエクササイズです。
□動作
・直立姿勢になって、メディシンボールを両手で保持した姿勢から、後方に振りかぶってすばやく切り返し、前方にボールを全力で投げます。助走をつけて行う方法も効果的です。
□トレーニング条件の目安
・1〜2kgのメディシンボールを用いて、5〜10回、2〜3セット実施します。

写真4-47. スタンディング・オーバーヘッドスロー

【全習型の専門的エクササイズ】
①ジャンプ＆オーバーヘッドスロー（写真4-48）
　スパイク動作の全体を再現した全習型の専門的エクササイズです。
□動作
・3歩助走からできるだけ高くジャンプして振りかぶり、素早く切り返してオーバーヘッドスローを行います。ボールが手から離れるタイミングは、ジャンプの最高到達点とうまく合わせるようにします。振りかぶってからボールを切り返す動作をできるだけ素早く行うのがポイントです。
□トレーニング条件の目安
・1〜2kgのメディシンボールを用いて、5〜10回、2〜3セット実施します。

写真4-48. ジャンプ＆オーバーヘッドスロー

2）ブロック動作

ブロック動作においては、相手のスパイクの位置に応じてすばやく移動（ステップ）して、すぐにジャンプの踏切を行う能力、できるだけ高くジャンプする能力、空中で両手を挙手した姿勢をしっかり保つ能力などが必要であり、これらに対応したエクササイズを採用します。

① 横方向に飛び降りてからのデプスジャンプ（写真 4-49）

横にステップしてからのジャンプの踏切動作を改善することを目的としたエクササイズです。

□動作
・壁の近くに置いた台の上に、壁に向いて直立し、台から横向きに跳び下りて着地した後、いったんしゃがんでから全力でできるだけ高くジャンプします。
・ジャンプの踏切のタイプは、いったんしゃがんでから跳び上がるカウンタームーブメント型です。

□トレーニング条件の目安
・正しいフォームが維持できる高さの台を用いて、5～10回、2～3セット実施します。

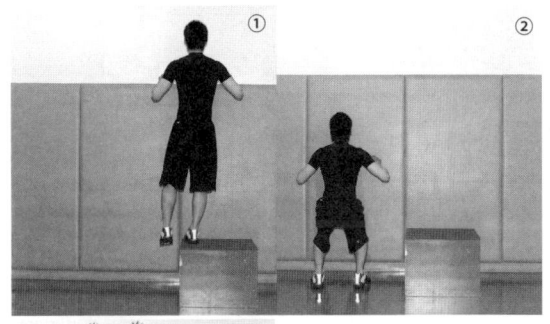

写真 4-49．横方向に跳び降りてからのデプスジャンプ

② サイドステップ＆ジャンプ（写真 4-50）

横方向にステップしてからジャンプする動作を再現したエクササイズです。

□動作
・壁に向かって直立し、浅くしゃがんだ姿勢から横方向に一歩ステップして真上にジャンプする動作を行います。
・ステップしてからジャンプの踏切への動きをできるだけすばやく行います。

□トレーニング条件の目安
・負荷を用いずに行いますが、メディシンボー

写真 4-50．サイドステップ＆ジャンプ

ルを両手に保持して行う方法もあります。

③挙手姿勢でのシュラグ（写真4-51）

　ブロック動作中の肩の安定性の改善と、手を上方に挙げる動きを改善するためのエクササイズです。
□動作
・メディシンボールを両手で頭上に保持し、肘を伸ばしたまま、肩甲骨を上下に大きく動かします。
□トレーニング条件の目安
・2〜3kgのメディシンボールを用いて、10〜20回、2〜3セット実施します。

写真4-51．挙手姿勢でのシュラグ

④メディシンボールによるリストの強化（写真4-52）

　ブロックにおける手首の強化を目的としたトレーニングです。スパイクにおける手首の動作の強化にも効果的です。
□動作
・メディシンボールを指先で押さえるようにして保持し、頭上に肘を伸ばして、手首を反らせた（伸展させた）姿勢から、手首をすばやく返す（屈曲）させる動作を反復します。
□トレーニング条件の目安
・2〜3kgのメディシンボールを用いて、10〜20回、2〜3セット実施します。

写真4-52．メディシンボールによるリストの強化

3）オーバーパス動作

　距離の長いオーバーパスを正確に上げるためには、パス動作に直接関わる腕や肩のパワーを高めるとともに、脚部のキック力を、体幹や上肢へとうまく伝達する能力を高めるエクササイズを取り入れることも必要です。

①ダンベル・プッシュプレス（写真4-53）

　頭上への押す動作のパワー向上とともに、下肢から上肢へとパワーを伝達する能力を養うことを目的としたエクササイズです。
□動作
・肩の前にダンベルを保持した姿勢から、床をキックして勢いをうまく利用しながらダンベルを上方にプッシュして、できるだけ高く伸び上がる動作を反復します。

第4章：実技編　スポーツ競技別の専門的エクササイズ

写真 4-53. ダンベル・プッシュプレス

・ダンベルを挙上したときに、腰が反ったり、腕が前方に出たりしないように注意します。

4）レシーブ動作

レシーブ動作のパフォーマンス向上のためには、ボールの方向にすばやくステップして移動する能力や、ステップしたときに姿勢を安定させる能力などが必要となります。フライングレシーブの場合には、滞空時や着地時に体幹の姿勢を一定に保つための体幹の強化がポイントになります。

①リーチランジ（写真 4-54）
　レシーブ動作の安定性や、レシーブ後にすばやく体勢を立て直す能力の改善を目的とした

写真 4-54. リーチランジ

エクササイズです。
□動作
・両手にウエイトやメディシンボールを保持して、横方向にステップしてしゃがんで静止し、切り返して開始姿勢に戻る動作を反復します。
□トレーニング条件の目安
・正しい動作で 15 回程度反復できる負荷を用

②回転Vアーチ（写真 4-55）
　フライングレシーブのように、床にうつぶせの姿勢で着地する動作の際の、体幹の姿勢支持と腰の傷害予防のためのエクササイズです。
□動作

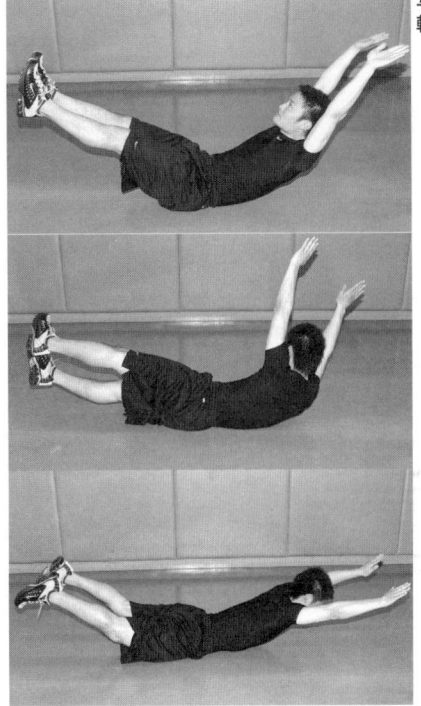

写真 4-55. 回転Vアーチ

・仰向け姿勢で上半身と両脚を上げて臀部のみでバランスをとった姿勢から、上半身と両脚を上げたまま左右どちらかに回転し、うつぶせ姿勢になる動作を反復します。
・動作中には腰が反りすぎないように注意します。
□トレーニング条件の目安
・左右交互に6〜10回、2〜3セット実施します。

4. バスケットボール

1）リバウンド動作

　リバウンド動作のパフォーマンスは、その場で高く跳ぶ動作、頭上に両手を挙上してボールをキャッチする動作、キャッチしたしたボールを胸元に引き寄せる動作の3つの局面で構成されています。ジャンプ動作のエクササイズでは、主として切り返し型（カウンタームーブメント型）のジャンプを採用します。

①バーベル・スクワット＆ジャンプ（写真4-56）
　その場で高く跳ぶために重要な切り返し型ジャンプのパフォーマンス向上のためのエクササイズです。
□動作

写真4-56. バーベル・スクワット＆ジャンプ

・バーベルを肩にかついで直立した姿勢から、膝と股関節がともに120度程度になるところまでしゃがみ、すばやく切り返してできるだけ高く跳び上がります。
・跳び上がって着地した後には、いったん直立して静止してから次の反復を行います。
□トレーニング条件の目安
・バーベルの重量は、ごく軽いウエイト（10〜20kg）から開始し、正しい姿勢が維持でき、すばやい切り返し動作が可能な範囲にとどめておきます。5〜10回、2〜3セット程度実施します。

②デプス・ジャンプ（写真4-57）
　切り返し型ジャンプの爆発的パワーを高めるための代表的なエクササイズです。
□動作
・30〜60cmの高さの2つの台を50〜60cmくらいの間隔で並べ、2つの台に左右の脚をのせて直立した姿勢から、台の間の床に飛び降り、いったんしゃがんでから、すばやく切り返してジャンプして台の上に乗る動作を反復します。
□トレーニング条件の目安
・正しい踏切動作が可能な高さの台を用いて、5〜10回2〜3セット実施します。

③ステップ＆ジャンプ（写真4-58）
　ボールの方向にすばやく身体を移動させてからジャンプする局面を再現したエクササイズです。
□動作
・直立した姿勢から、パートナーがランダムに指示した方向に1歩ステップしてから、ボールを頭上に挙上しながらできるだけ高くジャンプする動作を行います。
□トレーニング条件の目安
・最初は負荷を用いずに、5〜10回、2〜3セット実施します。動作に慣れてきたら、1〜2kgのメディシンボールを胸の前に保持して行います。

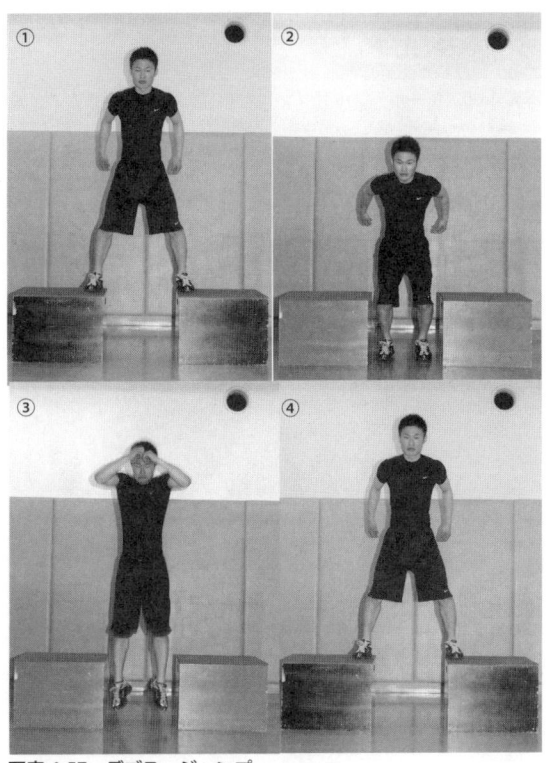

写真4-57. デプス・ジャンプ

写真4-58. ステップ＆ジャンプ

④ジャンプ&プッシュ・プル（写真4-59）

　ジャンプした後、両手を頭上にすばやく挙上する動作と、頭上のボールをすばやく胸元に引き寄せる動作を再現した複合型エクササイズです。

□動作
・メディシンボールを胸の前に両手で保持して直立した姿勢から、できるだけ高くジャンプしてメディシンボールを頭上に高く上げ、ジャンプから床に降りていく局面で、ボールを頭上から胸元にすばやく引き寄せる動作を行います。

□トレーニング条件の目安
・1～3kgのメディシンボールを用いて、5～10回、2～3セット実施します。

写真4-59．ジャンプ&プッシュ・プル

⑤ボール・プルダウン（写真411→412）
　頭上からボールを引き寄せる動作の筋力強化のための分習型エクササイズです。

□動作
・ラットマシンに取り付けたボールを両手で保持して、胸元に引き寄せる動作を反復します。

□トレーニング条件の目安
・すばやい動きで15回程度反復できる負荷を用いて、5～10回、2～3セット実施します。

写真4-60．ボール・プルダウン

2）方向転換動作

相手ディフェンスを抜いて目的の方向に移動したり、シュートを行ったりする際には、すばやい方向転換動作が重要となります。他の球技と同様に、ステップ動作からのすばやい切り返し動作を含むエクササイズを採用します。

①サイドランジ（写真4-61）
　側方への重心移動からの切り返し動作の改善を目的としたエクササイズです。
□動作
・バーベルを肩に担ぐか、プレートまたはメディシンボールを胸の前に保持するなどして直立した姿勢から、横方向にステップし、できるだけすばやく切り返してものと姿勢に戻る動作を反復します。
□トレーニング条件の目安
・すばやい切り返しを行っても姿勢が崩れない範囲のウエイトを用いて、10～12回、2～3セット実施します。

②マルチアングルランジ（写真4-62）
　ボールの方向にすばやく反応してステップする動作を改善するためのエクササイズです。
□動作
・ダンベルやプレート、メディシンボールなどのウエイトを保持して直立した姿勢から、パートナーがランダムに指示した方向へすばやくステップして静止した後、直立姿勢に戻る動作を反復します。
□トレーニング条件の目安
・すばやい動きで正しいフォームで15回以上反復できる負荷を用いて、10回、2～3セット実施します。

③クロスステップランジ（写真4-63）
　クロスステップした後に切り返す動作を改善するためのエクササイズです。

写真4-61．サイドランジ

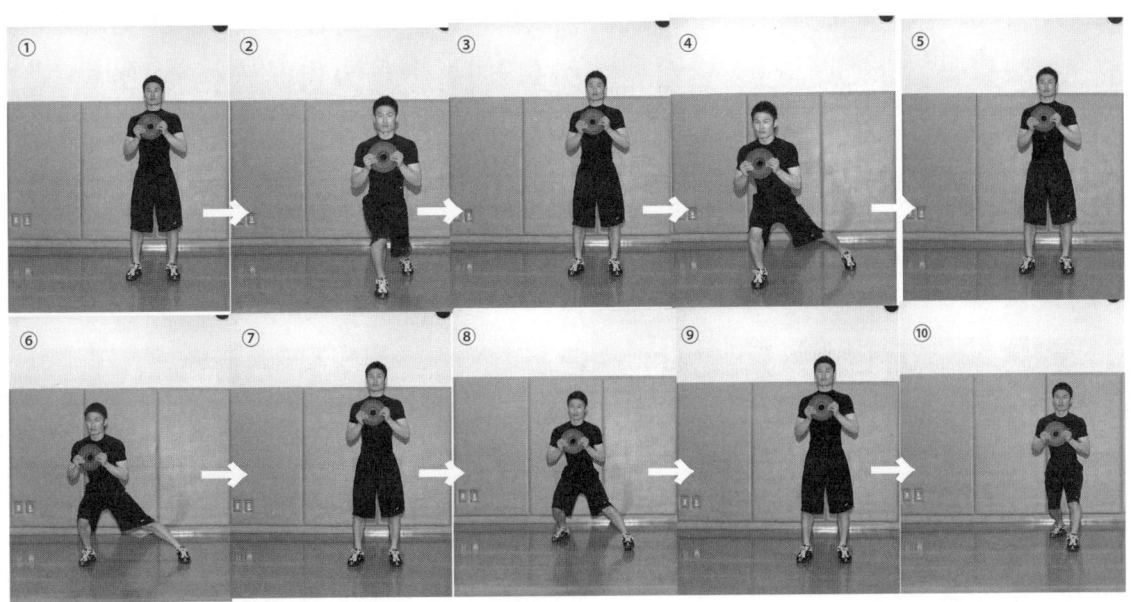

写真4-62．マルチアングルランジ

□動作
・プレートを胸の前に保持して直立した姿勢から、クロスステップ動作を行い、すばやく切り返して元の姿勢に戻る動作を反復します。
・軸脚の膝がねじれないようにするために、軸脚の母指球を中心にかかとを回転させ、膝とつま先がつねに同じ方向を向くようにします。
□トレーニング条件の目安
・すばやい切り返しを行っても姿勢が崩れない範囲のウエイトを用いて、10～12回、2～3セット実施します。

写真4-63. クロスステップランジ

④片脚交互ラテラルホップ（写真4-64）
　横方向に左右の脚で交互にすばやく切り返す動きのエクササイズです。
□動作
・片脚立ちの姿勢から、支持脚と反対側にジャンプして反対側の脚で着地した後すばやく切り返して元の姿勢に戻る動作を反復します。切り返しの局面では、膝や足首の関節角度を固定して突っ張るように強くキックします。
□トレーニング条件の目安
・負荷は用いずに10回、2～3セット実施します。慣れてきたら、軽いウエイトを胸の前に保持して行います。

3）サイドステップ動作

ディフェンスの局面では、オフェンスの選手の動きに応じてすばやくサイドステップを行うシーンがみられます。サイドステップで身体をすばやく移動させるためには、進行方向と反対側の足でしっかりとキックすることと、動作中に上半身の姿勢が崩れないようにすることが必要です。

①股関節の外転動作のエクササイズ（写真4-65）
・側方への移動動作の原動力となる股関節の外転筋群を個別に強化するためのエクササイズです。
□動作
・専用のトレーニングマシンを用いて、股関節

写真4-64. 片脚交互ラテラルホップ

第4章：実技編　スポーツ競技別の専門的エクササイズ

写真 4-65. 股関節の外転動作のエクササイズ

写真 4-66. ライイング・サイドベンド

の外転動作を行います。
□トレーニング条件の目安
・正しいフォームで15回程度反復できる負荷を用いて、10回、2～3セット実施します。

②ライイング・サイドベンド（写真4-66）
　サイドステップ動作中に上半身の正しい姿勢を保持できるようにすることを目的としたエクササイズです。
□動作
・ベンチに下半身を固定して横向きになり、へその少し上あたりを回転軸にして、上半身を上下に大きく動かします。
□トレーニング条件の目安
・正しいフォームで15回程度反復できる負荷を用いて、10回、2～3セット実施します。

③レジスティッド・サイドステップ（写真4-67）

サイドステップ動作のパワー改善のための全習型エクササイズです。
□動作
・プーリーのケーブルを腰のベルトに装着し、実際のサイドステップ動作を行います。
・上半身が進行方向に突っ込まないように注意します。
□トレーニング条件の目安
・フォームや動作中の感覚を損なわない範囲の負荷を用いて、5～10ステップ、2～3セット実施します。

4）チェストパス動作

　チェストパスの動作を正確かつすばやく行うためには、胸から前方にプッシュする動作

写真 4-67. レジスティッド・サイドステップ

のパワー及びスピードを高めるエクササイズを実施します。

①コンプレックス法（クォーターベンチプレス＋手たたきプッシュアップ：写真4-68）
　前方にプッシュする動作の爆発的パワーを高めるための特殊なテクニックです。
□動作
・高負荷を用いた狭い範囲（全可動域の四分の一程度）のベンチプレスを実施した直後に、腕立て伏せの動作で床を強く押して床から手を離した時に手をたたく動作を行います。
□トレーニング条件の目安

・クォーターベンチプレスは、通常のベンチプレスの80〜90%の負荷を用いて5〜10回、プッシュアップは体重負荷で5〜10回実施します。

②パワードロップ（写真4-69）

写真4-69. パワードロップ

　上半身を床に固定した状態で行うプッシュ動作のパワー向上のためのエクササイズです。
□動作
・床に仰向けになり、パートナーが胸の上に落下させたメディシンボールをキャッチし、いったん胸に近づけてからすばやく切り返してできるだけ高くボールを投げ上げる動作を反復します。
□トレーニング条件の目安
・2〜4kgのメディシンボールを用いて、5〜10回、2〜3セット実施します。

③スタンディング・チェストプッシュ（写真4-70）
　実際のチェストパスの動

写真4-68. コンプレックス法（クォーターベンチプレス：左＋手たたきプッシュアップ：右）

写真4-70. スタンディング・チェストプル

作を再現した全習型のエクササイズです。
□動作
・パートナーが胸の前に投げたメディシンボールを、キャッチしてすばやく切り返して、前方へ全力でプッシュする動作を行います。実際の競技動作との関連を考慮し、必要に応じて脚部の動きを加えます。
□トレーニング条件の目安
・1～2kgのメディシンボールを用いて、5～10回、2～3セット実施します。

5）シュート動作

シュート動作の改善を目的としたトレーニングでは、上肢のプッシュ動作や手首の動きのパワーを高めるとともに、脚で床をキックしたパワーを体幹、上肢へと効率よく伝達する能力が要求されるエクササイズも採用します。

①ダンベル・プッシュプレス（写真4-71）
上方へ押す動作のパワー向上と、下肢から上肢へとパワーを伝達する能力を高めるためのエクササイズです。
□動作
・直立姿勢でダンベルを肩の高さに保持し、床をキックして、からだ全体をまっすぐに伸ばし、勢いよくダンベルを挙上します。
□トレーニング条件の目安
・正しいフォームで12～15回程度反復できる負荷を用いて、5～10回、2～3セット実施します。

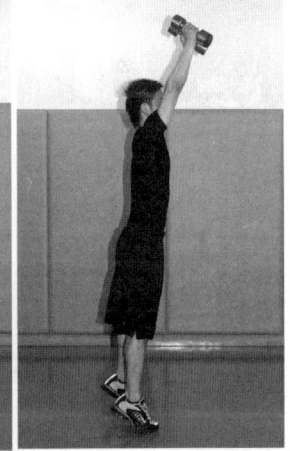

写真4-71. ダンベル・プッシュプレス

②ウォールバウンド（写真4-72）
シュート動作にみられる上肢のプッシュ動作のパワー向上のためのエクササイズです。
□動作

写真4-72. ウォールバウンド

・壁の前に立ち、片手または両手でメディシンボールを肩の高さに保持した姿勢から、シュート動作の要領で斜め上方の壁にボールをバウンドさせる動作を反復します。
□トレーニング条件の目安
・1〜2kgのメディシンボールを用いて、10回、2〜3セット実施します。

③リストカール（写真4-73）
　シュート動作時の手首の動きのパワーを高めるためのエクササイズです。
□動作
・ベンチに座り、プレートの縁を両手で持って前腕を固定し、プレートを上下に大きく動かします。
□トレーニング条件の目安
・正しい動作で20回程度反復できる負荷を用いて、10〜15回、2〜3セット実施します。

写真4-73．リストカール

6）ボールの保持力

　相手選手とのボールの奪い合いになった時、ボールをしっかりと保持し、相手にボールを奪われないようにする能力（把持力）を高めることが必要です。

①ボールを用いた保持力強化のためのエクササイズ（写真4-74）
　保持したボールを引っ張られた時に、ボールを保持する能力を高めるためのエクササイズです。
□動作
・ボールを両手で保持した状態で、パートナーにボールを引っ張ってもらい、ボールの位置をキープしたり、引っ張ったりします。
・ボールを高い位置に固定して、ボールを保持してぶら下がったり、懸垂腕屈伸のように身体を上げ下げする動作（バスケットボール懸垂：写真4-74）を行う方法もあります。
□トレーニング条件の目安
・5秒間の静止を5〜10回反復します。
・バスケットボール懸垂の場合は、5〜10回、2〜3セットを目安に実施します。

写真4-74．ボールを用いた保持力強化のためのエクササイズ（バスケットボール懸垂）

コラム：試合後半のパワーやスピードの低下を解消するために

　バスケットボールのプレーの中では、ダッシュからの急激なストップや方向転換、ジャンプからの着地など、強い負荷や衝撃が加わった状態で筋が引き伸ばされる（伸張性収縮）局面が多くみられ、筋肉の損傷が起こりやすい傾向にあります。筋力の弱い人は、強い人に比べて、1回のプレーの衝撃によって受けるダメージが大きいため、これを何度も反復することによって、試合の後半などには、最大パワーやスピー

ドの低下が顕著になる可能性があります。
　スタミナを高めるためのトレーニングと言えば、長い距離の走り込みやダッシュの繰り返し、インターバル走といったイメージが強いと思いますが、試合後半のパワーやスピードの大きさを低下させないためには、プレーのダメージに打ち勝つための筋力を高めておくことも必要だと言えます。

5. ラグビー

1）スクラム動作

スクラムのパフォーマンスを高めるためには、スクワットやデッドリフトのような一般的エクササイズによって脚部の最大筋力や体幹の静的な姿勢支持力を高めることが重要です。専門的エクササイズとしては、スクラムの動作を再現したマシンを使用したエクササイズや、力の接点となる肩や頸周辺の筋力強化のためのエクササイズを採用します。

①マシンによるスクラム動作のエクササイズ（写真 4-75）

写真 4-75．マシンによるスクラム動作のエクササイズ

　水平方向に力を発揮できるマシンを用いてスクラム動作を再現したエクササイズです。
□動作
・マシンのグリップを握り、実際のスクラムに

近い姿勢でグリップをプッシュする動作を行います。高負荷を用いて一定姿勢を持続する方法も効果的です。
□トレーニング条件の目安
・正しい動作で10〜15回反復できる負荷を用いて、全力スピードで5〜10回、2〜3セット実施します。一定姿勢を持続する場合は、3〜5RMの負荷を用いて、10〜30秒の静止を2〜3セット実施します。

②ショルダーシュラッグ（写真4-76）

写真4-76．ショルダーシュラッグ

スクラム時に力の接点となる肩周辺の筋力強化のためのエクササイズです。
□動作
・両手にダンベルを持って直立した姿勢で、肩をすくめる動作を反復します。
□トレーニング条件の目安
・正しいフォームで10〜15回反復できる負荷を用いて、10〜15回、2〜3セット実施します。

③頸の徒手抵抗エクササイズ
スクラム時に力が加わる頸周辺の筋力強化のためのエクササイズです。
□動作

・ネックエクステンション（写真4-77）
ベンチにうつぶせになって、パートナーが後頭部に手で負荷をかけて頭を上げる動作を行います。頭を十分に上げきったら、パートナーの負荷に耐えながらゆっくりと開始姿勢に戻る動作を反復します。

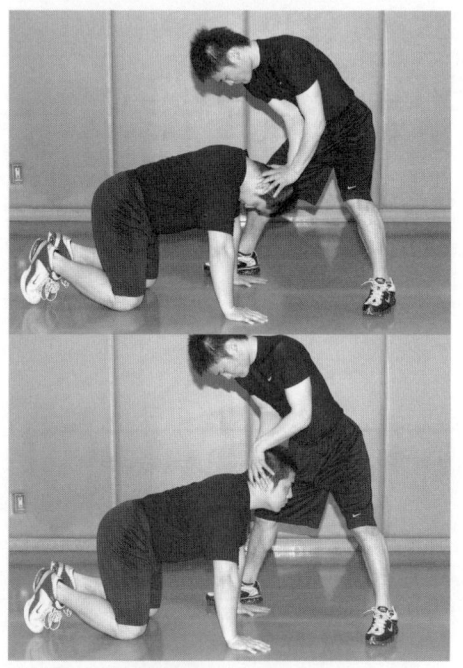

写真4-77．ネックエクステンション

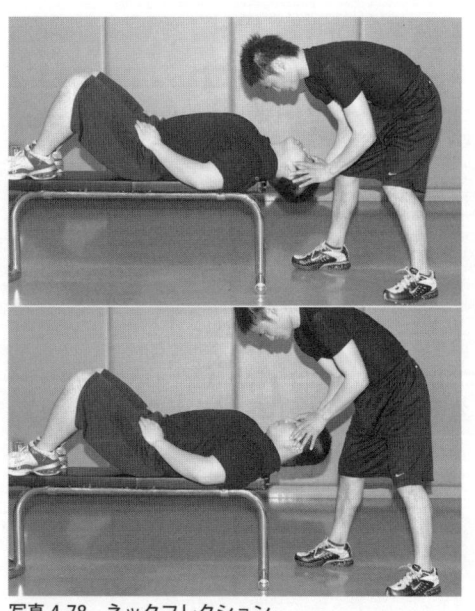

写真4-78．ネックフレクション

・ネックフレクション（写真4-78）
ベンチに仰向けになって、パートナーが額

に手で負荷をかけて頭を上げる動作を行います。頭を十分に上げきったら、パートナーの負荷に耐えながらゆっくりと開始姿勢に戻る動作を反復します。

・ネック・サイドフレクション（写真4-79）
　ベンチに座り、パートナーが左右の側頭部に手で負荷をかけて頸を左右に倒す動作を行います。
□トレーニング条件の目安
・パートナーは、フォームが崩れない範囲の負荷をかけ、上げる動作と下ろす動作がそれぞれ2～3秒の一定スピードになるようにして、10回、2セット程度実施します。

写真4-79. ネック・サイドフレクション

2）方向転換動作

ラグビーのランプレイの際には、サッカーなどの他の球技種目と同様、速く走ることとともに、すばやい方向転換ができることがポイントとなります。すばやい切り返し動作の改善のためには、さまざまな方向にステップして切り返す動きの各種ランジを実施します。

①サイドランジ（写真4-80）
　側方への重心移動からの切り返し動作の改善を目的としたエクササイズです。
□動作
・バーベルを肩に担いで直立した姿勢から、横方向にステップし、できるだけすばやく切り返して元の姿勢に戻る動作を反復します。
□トレーニング条件の目安
・すばやい切り返しを行っても姿勢が崩れない範囲のウエイトを用いて、10～12回、2～3セット実施します。

写真4-80. サイドランジ

②片脚交互ラテラルホップ（写真4-81）
　横方向に左右の脚で交互にすばやく切り返す動きのエクササイズです。
□動作
・片脚立ちの姿勢から、支持脚と反対側にジャンプして反対側の脚で着地してすばやく切り返して、元の姿勢に戻る動作を反復します。切り返しの局面では、膝や足首の関節角度を固定して突っ張るようにして強くキックします。
□トレーニング条件の目安
・負荷は用いずに10回、2～3セット実施します。慣れてきたら、軽いウエイトを胸の前

99

写真 4-81. 片脚交互ラテラルホップ

に保持して行います。

3）パス動作

ラグビーのパス動作では、身体の前から横方向に腕を振る動きがみられます。トレーニングにおいては、主としてメディシンボールを使用して実際の動きを再現したエクササイズを採用します。

①メディシンボール・サイドスロー（写真4-82）

ラグビーのパス動作を再現したエクササイズです。

□動作
・メディシンボールを両手で保持して直立し、横方向にボールをひねってから、反対方向に腕を振って全力でボールを投げる動作を行います。
・体幹の回旋動作を使用する方法と、使用しない方法があります。

□トレーニング条件の目安
・2〜3kgのメディシンボールを用いて、10回、2〜3セット実施します。

②ステップ＆サイドスロー（写真4-83）

ランニング動作中にパスを出す動作を再現したエクササイズです。

□動作
・メディシンボールを両手で保持して直立した姿勢から、片脚を前にステップしてから横方向にボールを投げ、元の位置に戻る動作を左右交互に行います。

□トレーニング条件の目安
・2〜3kgのメディシンボールを用いて、10回、2〜3セット実施します。

写真 4-82. メディシンボール・サイドスロー

6. アメリカンフットボール

1) ライン選手の動作

　アメリカンフットボールでは、ポジションごとに特有な動作がありますが、短い距離のダッシュとすばやい方向転換の動きは、全ポジションに共通してみられます。特に、体重の重い選手が切り返し動作をすばやく行った際には、下肢や体幹に対して、瞬間的に非常に大きな衝撃が加わるため、ハイインパクトな方向転換エクササイズが必須となります。また、相手と直接ぶつかり合うプレーの多い「ライン」の選手の場合、相撲の突っ張りのように力強いプッシュ動作のエクササイズが必要となります。ここでは、ライン選手のための専門的エクササイズの代表例を以下に紹介します。

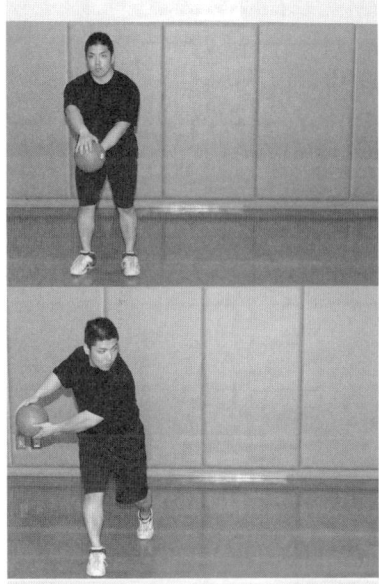

写真4-83. ステップ&サイドスロー

①ラテラル・ボックスジャンプ（写真4-84）
　ダッシュからのすばやい切り返しの際の強い衝撃に対応するためのエクササイズです。

写真4-84. ラテラル・ボックスジャンプ

101

□動作
・30〜45cmの高さの台から側方に飛び降りて、片脚または両脚ですばやく切り返して台に戻る動作を左右交互に繰り返します。
□トレーニング条件の目安
・体重負荷にて10〜12回、2〜3セット行います。

②プッシュ動作のエクササイズ（写真4-85）

写真4-85. プッシュ動作のエクササイズ

ライン選手のプッシュ動作のパワーを高めるためのエクササイズです。マシンのハンドルを両手で握り、膝と股関節を曲げてしゃがんだ姿勢から、床を強くキックした勢いを利用して、全力で斜め前上方にプッシュする動作を行います。フィニッシュの局面では、膝や肘を伸ばし、身体全体が一直線になるようにします。このエクササイズでは、上半身のプッシュ動作とともに、下半身や体幹の支持力の強化や、下半身から体幹、上半身へと効率よくパワーを伝達する能力を養うことができます。10〜15RMの負荷にて5〜8回、3セット程度行います。

③プッシュ・ドリル（写真4-86）

写真4-86. プッシュ・ドリル

パートナーの負荷を利用した実戦的なプッシュ動作のエクササイズです。
□動作
両足を前後に開いて低い姿勢をとり、パートナーの胸を押しながら前方に移動する動作を行います。パートナーは前方に体重をかけて、姿勢が崩されないようにしっかりと踏ん張り、少しずつ後方に下がっていきます。パートナーは、後ろに下がるだけでなく、斜め後方や側方などにランダムに移動することによって、

写真4-87. スクワットスロー

さまざまな方向にプッシュする動きに対応する能力を養うことができます。
□トレーニング条件の目安
・10〜15ステップを3セット程度実施します。

④スクワットスロー（写真4-87）
　ライン選手が低く沈み込んだ姿勢から、前方にダッシュする際のパワー向上を目的としたエクササイズです。
□動作
・プレートやダンベルを両手で保持してしゃがみ込んだ姿勢から、斜め前方に向かってできるだけ遠くにウエイトを投げる動作を行います。
□トレーニング条件の目安
・フォームを崩さない範囲のウエイトを用いて、5〜10回、2〜3セット行います。

⑤スタンディング・ケーブルプル（写真4-88）
　タックルする際に、逃げる相手を腕でしっかりと捕らえる動作の強化を目的としたエクササイズです。
□動作
・直立姿勢で両手にケーブルのグリップを保持し、両側から前方へと引き上げる動作を行います。動作中には、上半身が反らないように注意します。

写真4-88. スタンディング・ケーブルプル

□トレーニング条件の目安
・フォームを崩さない範囲のウエイトを用いて、5〜10回、3セット程度行います。

コラム：持久型競技選手の筋力トレーニング

　これまで、陸上競技の長距離種目やトライアスロン、スキーのクロスカントリーのような持久型競技の場合、筋力トレーニングを行うと筋肉量が増えるなど、パフォーマンスへのマイナス面の懸念を抱く選手が多くみられ、筋力トレーニングを敬遠する傾向にありました。しかし、近年では、持久型競技選手における筋力トレーニングの効果に関する研究が進み、競技動作の経済性の改善（エネルギー消費量の軽減）、動作の効率化、着地衝撃に対する耐性の改善、姿勢の安定、傷害の予防などが報告されるようになり、筋力トレーニングを積極的に導入する選手が増えてきました。

　トレーニング内容については、以前はごく軽い負荷を用いて、筋持久力向上を目的とした方法が中心でしたが、最近では、スクワットやパワークリーンのような一般的エクササイズを高負荷低回数の条件で実施したり、ランニング動作に関連のあるステップアップやウォーキングランジのような専門的エクササイズも導入されるようになってきました。

　持久型競技選手の中には、筋力トレーニングによって筋肉量を増やしてしまうことに不安を抱く選手が、未だに多くみられます。必要以上の筋肥大は、毛細血管の密度減少につながって、持久的能力に対してマイナスに作用する可能性がありますが、筋力トレーニングをランニングのトレーニングと並行して実施している場合には、弊害の心配はほとんどないと思われます。選手の不安を取り除くためには、体重や体脂肪率を頻繁に測定し、筋肉量が過剰に増えていないことを具体的に示しておくことが効果的です。

7．テニス・バドミントン・卓球

1）テニス

テニスの代表的な動作としては、さまざまな方向へのすばやい移動や方向転換、サイドステップ動作、サーブ動作、ストローク動作、ボレー動作などがあり、これらの動きに対応した専門的エクササイズを設定することが可能です。ここでは、テニスのストローク動作とサーブ動作を再現した代表的な専門的エクササイズを以下に紹介します。

①サイドステップ・アンド・ツイストスロー（写真4-89）

ボールの方向にすばやくステップしてから、しっかりと体勢を支持して力強いストローク動作を行うことを目的としたエクササイズです。

□動作
・横方向にサイドステップを行った後、パートナーがトスしたボールを身体の側方でキャッチし、いったん反対側に上半身をひねってから、すばやく切り返してパートナーにボールを投げ返す動作を、左右交互に繰り返します。
・ボールをキャッチして投げ返す動作をクロスステップして行う方法もあります（写真4-90）。

□トレーニング条件の目安
・1〜3kgのメディシンボールを用いて、左右交互に10回、2〜3セット実施します。

②サーブ動作のためのメディシンボール・オーバーヘッドスロー（写真4-91）

サーブ動作の動きをシミュレートした専門的エクササイズです。

写真4-89．サイドステップ・アンド・ツイストスロー

写真4-90．クロスステップ・アンド・ツイストスロー

第4章：実技編　スポーツ競技別の専門的エクササイズ

外動作）が特徴的です。これらの動作の専門的エクササイズを以下に紹介します。。

①マルチアングル・リーチランジ（写真4-92）

シャトルの方向に深くステップして切り返す動作を再現したエクササイズです。

□動作
・ウエイトを両手に保持して、前、斜め前、真横、斜め後、後、クロスステップなど、さまざまな方向にステップした後、上半身を前傾させてウエイトをつま先の近くまで下ろし、すばやく切り返してもとの直立姿勢に戻ります。

□トレーニング条件の目安
・正しいフォームで20回程度反復できる負荷を用いて、12～20回、2～3セット実施します。

写真4-91. サーブ動作のためのメディシンボール・オーバーヘッドスロー

□動作
・メディシンボールを両手で胸の前に保持した姿勢から、側方→後方→頭上へとボールを大きく回して振りかぶってから、前方の床にボールをたたきつける動作を行います。
・ボールを投げる動作局面では、上半身が前に突っ込まないように注意します。

□トレーニング条件の目安
1～2kgのメディシンボールを用いて、10回の反復を2～3セット行います。

2) バドミントン

写真4-92. マルチアングル・リーチランジ

②前腕の回内・回外動作（写真4-93）

ストローク動作やスマッシュ動作にみられる手首の動きを再現したエクササイズです。

□動作
・レバレッジバー（ダンベルの片側にウエイトを付けた器具）を用いて、実際の競技場面のポジションをとり、前腕の回内動作や回外動作を行います。
・ラケットにカバーを装着し、空気抵抗を利用

バドミントンでは、さまざまな方向にステップして深く沈み込んでからすばやく切り返すフットワーク動作や、ラケットを操作する際にみられる手首の動き（特に前腕の回内・回

写真 4-93. 前腕の回内・回外動作

する方法もあります。
□トレーニング条件の目安
・正しいフォームで20回程度反復できる負荷を用いて、10〜15回、2〜3セット行います。

3) 卓球

卓球では、ボールの動きに応じてすばやく移動する能力や、パワフルなスマッシュ動作が必要とされます。スマッシュ動作のパフォーマンス向上のためには、体幹のひねり動作や上肢のスイング動作のパワー改善が必要です。スマッシュ動作ではラケットを振り切った直後に、すばやくもとの姿勢に戻ることも重要であり、トレーニングでもこれを配慮することが必要です。ここでは、スマッシュ動作の動きを配慮した専門的エクササイズを紹介します。

①スタンディング・ダンベルツイスト（写真4-94）

写真 4-94. スタンディング・ダンベルツイスト

スマッシュ動作にみられる体幹のひねりとひねり戻し動作を改善するためのエクササイズです。
□動作
・直立して両手にダンベルを保持し、上半身をひねってダンベルをすばやく切り返しながら左右に回転させます。
・動作中には、両肩とダンベルのなす三角形を崩さないようにするとともに、腰の位置がぶれないように注意します。
□トレーニング条件の目安
・フォームを崩さない範囲のウエイトを用いて、できるだけ素早い動きで12〜20回、2〜3セット行います。

②メディシンボールによるスマッシュ動作（写真4-95）

フォアハンドやバックハンドのストローク動作を、メディシンボールを用いて再現したエ

写真 4-95. メディシンボールによるスマッシュ動作

クササイズです。
□動作
・両手にメディシンボールを保持して、実際のストローク動作を再現した動作をできるだけすばやく行います。
□トレーニング条件の目安
・1〜2kg のメディシンボールを用いて、10〜12 回、2〜3 セット行います。

8．柔道

1）組み手

柔道の組み手においては、相手の柔道着をすばやく確実に掴むことや、いったん掴んだ柔道着をしっかり離さないようにすることが課題となります。組み手の把持力の強化のためには、握った状態で相手が引き剥がそうとしてもこれに持ちこたえる力（把持力）を強化エクササイズを取り入れます。

①柔道着懸垂（写真 4-96）

写真 4-96．柔道着懸垂

実際の柔道着をつかんで行う把持力強化のための代表的なエクササイズです。
□動作
・柔道着を鉄棒に掛け、自分の強化したい組み手で柔道着を持って懸垂腕屈伸を行います。

・動作中には、腰が反ったり、脚部が下がったりしないように注意します。
□トレーニング条件の目安
・自体重で10回、2～3セット実施します。

②柔道着懸垂握り変え（写真4-97）
相手の柔道着をすばやく掴んだり、掴む位置を変えたりする動作を再現したエクササイズです。
□動作
・床に足を付けた状態で、鉄棒にかけた柔道着の襟を掴んでぶら下がり、手を開いて柔道着を一瞬離してすぐに掴み直す動作を行ったり、掴む位置を少しずつ移動する動作を行います。
□トレーニング条件の目安
・自体重で10～20回、2～3セット実施します。

写真4-97. 柔道着懸垂握り変え

③ロープ・クライミング（写真4-98）
相手の襟を持って手前に引く動作の強化や、組み手の把持力の強化に効果的なエクササイズです。
□動作
・天井からぶら下がったロープにつかまり、腕の力だけでロープを登る動作を行います。で

写真4-98. ロープ・クライミング

す。
□トレーニング条件の目安
・自体重で、2～3往復を2～3セット実施します。1セットの所要時間を測定し、これを短縮していく方法も効果的です。

④徒手抵抗によるリストカール（写真4-99）
パートナーと行う把持力強化のためのエクササイズです。
□動作
・トレーニングを行う選手が手を握りしめて力を発揮している状態で、パートナーが強い力で手のひらを開く動作を行います。

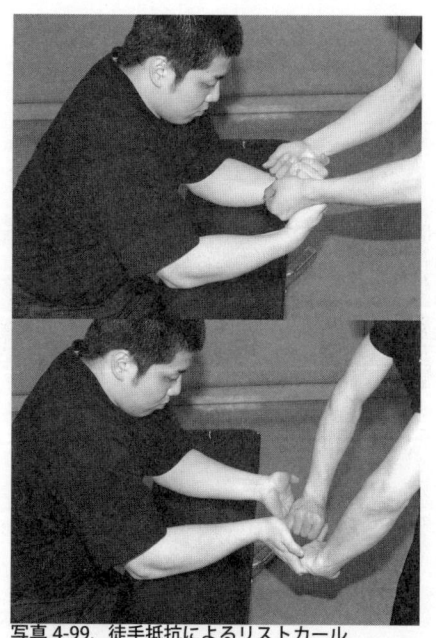

写真4-99. 徒手抵抗によるリストカール

□トレーニング条件の目安
・徒手抵抗にて10回、2～3セット実施します。

⑤プレートによる前腕の回内・回外動作（写真4-100）
　組み手の際の、前腕のひねり動作（回内・回外動作）を伴う把持力強化のためのエクササイズです。
□動作
・両手にプレートを保持して胸の前に上げた姿勢から、プレートを回すようにして、前腕をひねる動作を行います。
□トレーニング条件の目安
・20回程度反復できる負荷を用いて、20回以上、2～3セット実施します。

写真4-100. プレートによる前腕の回内・回外動作

2）立ち技における「引き」動作
　立ち技においては、自分の技や相手の動きに応じて、さまざまな「引き」動作や「押し」動作が行われます。トレーニングでは、実際の釣り手（相手の柔道着の襟を持つ手）や、引き手（袖を持つ手）の動きを再現した動作を採用すると効果的です。これらの動きは、技によって異なるとともに、個人差も大きいため、各選手の動きの特徴を考慮することが大切です。

①ワンハンド・ダンベル・ハイプル（写真4-101）
　引き動作のパワー向上のための代表的なエクササイズです。下肢から上肢へとパワーを伝達する能力を養う効果も期待できます。
□動作
・片手にダンベルを保持してしゃがんだ姿勢から、床をキックした力を利用して、肘で先導するようにしてダンベルを胸の高さまで引き上げます。
・強化したい動作に応じて、ダンベルの軌道や開始姿勢などを調整します。開始姿勢で上半身をひねった状態から挙上する方法も効果的です。
□トレーニング条件の目安
・12～15回反復できる負荷を用いて、10回、2～3セット実施します。

写真4-101. ワンハンド・ダンベルハイプル

②ワンハンド・ダンベル・スナッチ（写真4-102）
　引き動作や体幹の回旋動作のパワー向上に役立つエクササイズです。
□動作
・片手にダンベルを保持して、ダンベルを保持した側の肩を前に向けるようにして上半身を

写真 4-102. ワンハンド・ダンベル・スナッチ

ひねった姿勢から、床をキックして一気にダンベルを頭上まで挙上します。
□トレーニング条件の目安
・12 〜 15 回反復できる負荷を用いて、10 回、2 〜 3 セット実施します。

③ツイスティング・ワンハンド・ダンベルロウ（写真 4-103）
　前方から手前に引く動作のパワー向上を目的としたエクササイズです。
□動作
・膝と股関節を曲げて前傾姿勢をとり、片手でダンベルをひねりながら腹部に引き付ける動作を行います。
□トレーニング条件の目安
・12 〜 15 回反復できる負荷を用いて、10 回、2 〜 3 セット実施します。

④リバース・カール（写真 4-104）
　柔道の引き動作の上肢の動きを再現した分習型エクササイズです。
□動作
・両手にダンベルを持って、手の甲を正面に向けてぶら下げた姿勢から、肘を曲げて手の甲が上になるようにしてダンベルを挙上し、元の姿勢に戻る動作を反復します。
□トレーニング条件の目安
・10 回反復できる負荷を用いて、10 回、2 〜 3 セット実施します。

写真 4-103. ツイスティング・ワンハンド・ダンベルロウ

写真 4-104. リバース・カール

⑤タイヤ引き（写真 4-105）
　立位姿勢で前方から水平方向に引く動作が行えるエクササイズであり、把持力の改善も期待できるエクササイズです。
□動作
・グラウンドに置かれたタイヤに 20 〜 50m のロープを取り付け、立った姿勢で手前に全力で引っ張る動作を行います。
□トレーニング条件の目安
・20 〜 50m のロープを連続的に引く動作（1 セットあたり 10 〜 30 秒）を、3 〜 5 セット実施します。
・所要時間やインターバルを調整することによって、代謝特性を配慮したトレーニングと

第4章：実技編　スポーツ競技別の専門的エクササイズ

□トレーニング条件の目安
・すばやく正しい動きが実施できる負荷を用いて、10回、2〜3セット実施します。

3）立ち技における体幹の動作

　立ち技では、動作中に姿勢を支持する能力や上半身の軸を保ったまま体幹を回旋させる動作などがみられます。このような動作特性を考慮して、トレーニングでは、主として立位姿勢を維持しながら体幹をひねる動作形態のエクササイズを採用すると効果的です。

①ツイスティング・シットアップ（写真4-107）
　上半身の軸を維持したまま体幹をひねる動作のパワーを向上させるための分習型エクササイズです。
□動作
・腹筋台に足首を固定して膝を曲げて仰向けになり、肩の上にウエイトを保持して上半身をひねった姿勢から、体幹をひねりながら上半

写真4-105. タイヤ引き

しても活用できます。

⑥プーリーによる模擬動作（写真4-106）
　プーリーを用いて、柔道の引きの動きの模擬動作を行うエクササイズです。
□動作
・2つのプーリーを備え、ケーブルの引き出し部分の高さが変更できるタイプのマシンを使用し、柔道の引き動作を行います。

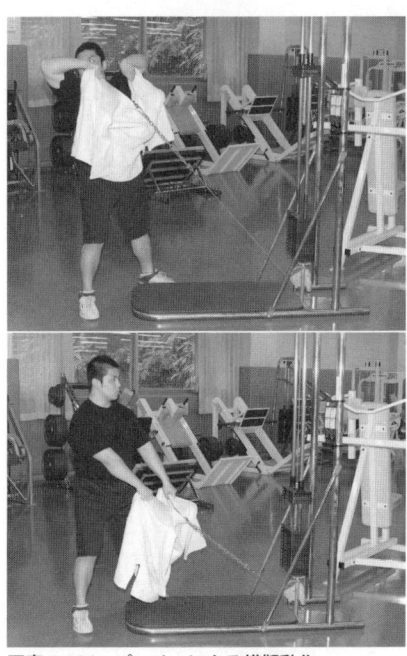

写真4-106. プーリーによる模擬動作

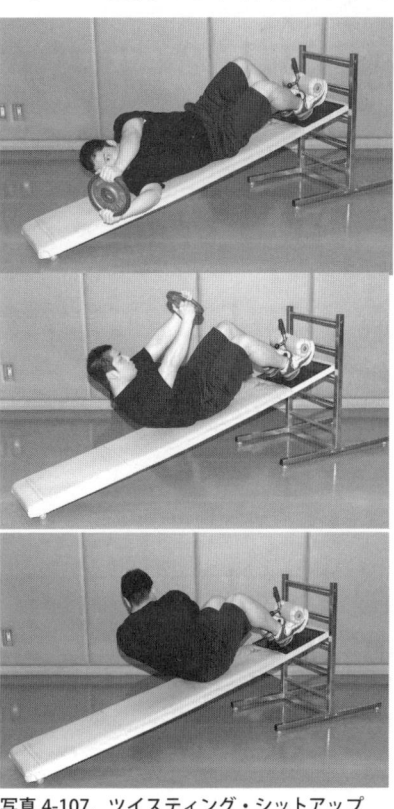

写真4-107. ツイスティング・シットアップ

身を起こし、ひねり戻しながら上半身を下ろす動作を反復します。
・上半身をひねる際には、回転軸や下半身がぶれないように注意します。臀部がシートから浮いたり、膝が左右にぶれないように注意します。
□トレーニング条件の目安
・12から15回すばやく反復できる負荷を用いて、10回、2～3セット実施します。

②スタンディング・トランクツイスト（写真4-108）
　姿勢を支持しながら相手の動きを制御する能力を養うことを目的としたエクササイズです。
□動作
・バーベルの片側を固定し、プレートを装着してバーを斜めに立て、先端部分を両手または片手で保持して、さまざまな方向（左右や前後など）にすばやく動かします。
・動作中には、上半身の姿勢を保ち、バランスを崩さないようにします。
□トレーニング条件の目安
・フォームを崩さない範囲のウエイトを用いて、10～15回、2～3セット実施します。

③ウォーキング・ウエイトスイング（写真4-109）
　自分の身体を移動しながら制御する能力を養うことを目的としたエクササイズです。
□動作
・プレートやダンベルを両手で支持し、身体の正面で横向きの「8」の字を描くようにしながら前方に歩く動作を行います。
・プレートのポジションが変化すると、身体重心の位置や力を発揮する方向も変化します。
・プレートを回す方向と足の出し方を変化させたり、横方向や後方など歩く方向を変えたり

写真4-108．スタンディング・トランクツイスト

写真4-109．ウォーキング・ウエイトスイング

する方法も効果的です。
□トレーニング条件の目安
・フォームを崩さない範囲のウエイトを用いて、10〜20ステップを2〜3セット実施します。

④ダンベルスイング（写真4-110）

写真4-110. ダンベルスイング

　相手との組み手争いや立ち姿勢での攻防の際の姿勢支持力を高めることを目的としたエクササイズです。上腕二頭筋を強化するためのダンベルカールと動作が似ていますが、トレーニング目的が異なります。
□動作
・直立姿勢で上半身を軽く前傾し、両手に持ったダンベルを前後にスイングする動作を行います。
・腕部をリラックスさせ、膝の屈伸や体幹のひねりによる肩の動きを、ダンベルのスイング動作へとうまく連係させるようにするのがポイントです。
・動作中には上半身の姿勢が崩れないように注意します。
□トレーニング条件の目安
・フォームを崩さない範囲のウエイトを用いて、10〜20回、2〜3セット実施します。

4）立ち技における足さばき
　立ち技においては、素早い踏み込み動作や重心移動が重要となります。また、内股などでは、片脚でバランスをとりながら相手を投げる動作が行われることから、片脚で自分や相手の体重を支持してバランスをとる能力も必要となります。これらの改善のためのトレーニングとしては、片脚支持で重心移動を伴うエクササイズを導入するようにします。

①サイドランジ（写真4-111）

写真4-111. サイドランジ

　横方向への重心移動を伴う代表的なエクササイズです。
□動作
・バーベルを肩にかついで直立し、左右交互に片脚で大きくステップしてしゃがみ込んでから、動作を切り返して直立姿勢に戻る動作を行います。
□トレーニング条件の目安
・フォームを崩さない範囲のウエイトを用いて、10〜12回、2〜3セット実施します。

②ウォーキング・サイドランジ（写真4-112）
　横方向に連続的に移動する動作を再現したエクササイズです。
□動作

写真4-112. ウォーキング・サイドランジ

・バーベルを肩に担ぐか、プレートを胸の前に保持して直立した姿勢から、横方向にステップして浅くしゃがんでから、後方の足を進行方向の足に引きつけて直立する動作を反復します。

□トレーニング条件の目安
・フォームを崩さない範囲のウエイトを用いて、10～20ステップ、2～3セット実施医します。

③片脚4方向ジャンプ（写真4-113）
　片脚支持姿勢でさまざまな方向に移動する動作のエクササイズです。
□動作
・床に40cm四方の正方形を十字型に並べた形状のラインを引き、中央に片脚立ちで静止

写真4-113. 片脚4方向ジャンプ

した姿勢から、中央→前→中央→右→中央→左→中央→後→中央の順番で、片脚のみでできるだけすばやく移動します。
□トレーニング条件の目安
・できるだけすばやく20秒間の動作を1セットとして、2～3セット実施します。

①ダンベルスナッチ　15kg×10回×左右
②ダンベルベンチプレス　20kg×20回
③ストラドルジャンプ（前後開脚ジャンプ）4kg×15回
④チンニング（懸垂腕屈伸）15回
⑤両脚左右ジャンプ　20回
⑥ダンベルプッシュプレス　15kg×20回
⑦サイドステップ　3.6m幅10往復
⑧ダンベルスイング　10kg×15回
⑨バービー　20回

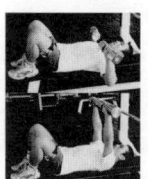

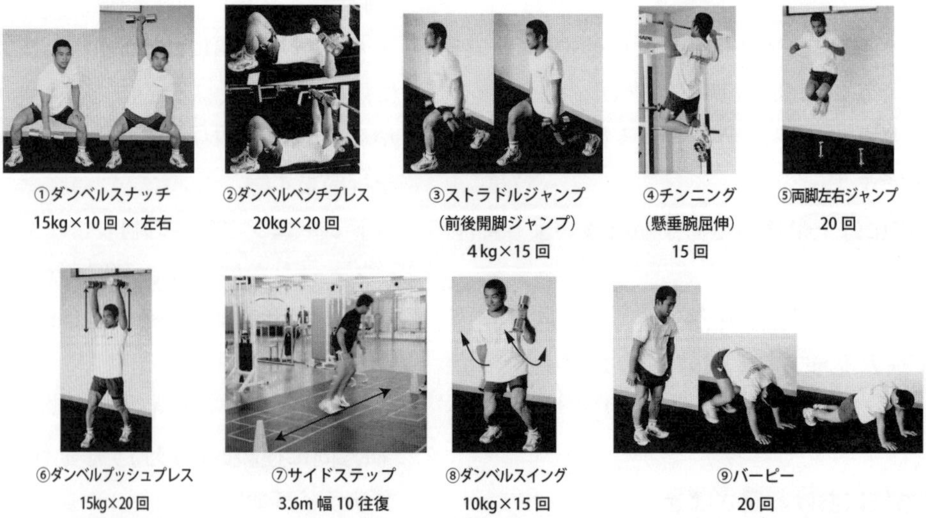

図4-3. 柔道選手のサーキット・ウエイトトレーニングの実施例

5）柔道の代謝特性を考慮した専門的トレーニング法

　柔道の試合は、男子5分間、女子4分間で行われ、試合中には大きなパワーを断続的に発揮し続ける能力（特に耐乳酸能力）が要求されます。このような柔道の代謝特性を考慮した専門的トレーニングとして、サーキットウエイトトレーニングがよく用いられています（図4-3）。

　サーキットウエイトトレーニングのプログラムには、筋力トレーニングとともに、ジャンプドリルやアジリティードリルなども交えて8～10種目選択し、それぞれ10～20回1セットずつ休息をとらずに連続的に実施し、5分間の休息を入れながら、合計3循環行います。各種目の負荷や回数は、1循環の所要時間が4～5分になるように調整します。トレーニング中には、各循環の所要時間や、トレーニング中の心拍数、血中乳酸濃度等を測定することによって、トレーニング効果を把握することができます。

コラム：嘉納治五郎は日本の筋力トレーニングの父

　今から100年以上前の1890年代、柔道の創始者である嘉納治五郎（1860～1938）は、ヨーロッパにて、近代筋力トレーニングを体系づけたといわれるユージン・サンドウ（Eugen Sandow, 1867～1925）の著書に出会い、強い影響を受けたといわれています。以来、嘉納は、日本国内において、自ら筋力トレーニングを実践するとともに、1900年より柔道の総本山である講道館にて、筋力トレーニングの講習会の開催や、機関誌である「国士」への筋力トレーニングに関する記事の連載などを行い、筋力トレーニングの積極的な普及・教育に努めました。嘉納治五郎は、柔道の創始者であるとともに、日本の筋力トレーニングの「生みの親」でもあったのです。

　ところがその後、日本の柔道選手の筋力トレーニングへの取り組みは、なぜか消極的になっていきます。かつての日本選手は、優れた体格やパワーを有する外国選手に対して技で勝つことができたため、「力で押してくる外国選手に対して、日本選手は技で勝負すべきであり、あえて外国選手のようなパワーをつける必要はない」といった考え方が支配的だったのかもしれません。

　時を経て、柔道がオリンピックの正式競技として採用された後、外国選手たちは、持ち前の恵まれた体格や体力ばかりでなく、高度な技術や戦術を身につけるようになり、日本選手は国際試合において苦戦を強いられるようになりました。そして、オリンピックや世界選手権を終えるごとに、日本選手のパワー不足が指摘されるようになったのです。

　1992年のバルセロナ五輪後、日本の柔道界では全日本チームを中心に、筋力トレーニングが積極的に取り入れるようになり、現在では、多くの柔道選手に普及するとともに、大きな国際大会でも外国選手に力負けする選手はほとんどみられなくなりました。

　100年以上前から筋力トレーニングの重要性を説いていた嘉納治五郎の先見の明と、その偉大さには驚かされるばかりです。

9. 打撃系格闘技（ボクシング・空手など）

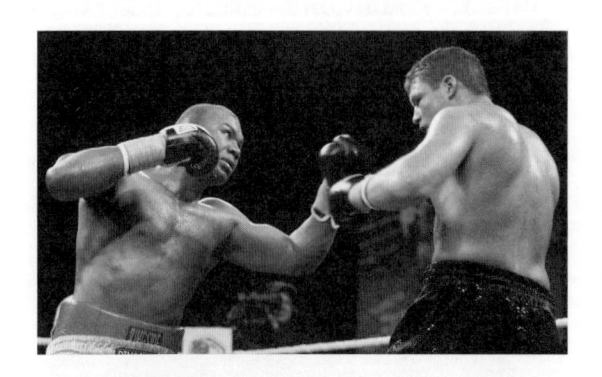

1）パンチ動作

ボクシングのパンチ動作や空手の突き動作のパフォーマンスを高めるためのトレーニングとしては、拳が相手に当たるまでの動作スピードを向上させることと、拳が相手に当たってからの衝撃力を高めること、の2つの要因が重要です。

拳が相手に当たるまでの動きにおいて、上肢にはほとんど負荷が加わっていないため、シャドウ・ボクシングのように最大スピードの動作を伴うトレーニングが必要となります。一方、拳が相手に当たってからの衝撃力を高めるためのトレーニングの実施にあたっては、

1．パンチ動作に関連のある押す動作の最大筋力（特に打撃時の関節角度付近の筋力）を高める
2．立位姿勢で行うプッシュ動作のエクササイズを通じて打撃時の下肢や体幹の支持力を高めるとともに、下肢→体幹→上肢へとパワー伝達する能力を高める
3 パンチ動作の実際の動きをシミュレート（再現）したエクササイズを行い、動作そのもののパワー向上を図る

といった3つのことを考慮すると効果的です。

①オルタネイト・ダンベルベンチプレス（写真4-114）

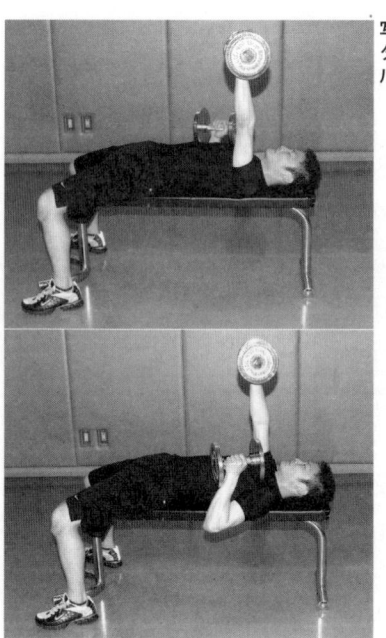

写真4-114．オルタネイト・ダンベルベンチプレス

押す動作のパワー向上とともに、動作中に上半身の縦軸をしっかりと保つ能力を高めることを目的としたエクササイズです。
□動作
・ベンチに仰向けになった姿勢で左右のダンベルを交互に挙上する動作を行います。
・動作中には、バランスを崩したり上半身の姿勢がぶれたりしないように、足でしっかりと床を支え、体幹周辺の筋群でしっかりと姿勢を固定します。
□トレーニング条件の目安
・15回以上反復できる負荷を用いて、10回、2〜3セット実施します。

②プーリーによるプッシュ動作のエクササイズ（写真4-115）

プーリーを用いて、片手で水平方向へのプッシュ動作を行うエクササイズです。
□動作
・プーリーの引き出し口の高さを肩よりやや低い位置に調整し、グリップを片手に保持して両脚を前後に開いて構えた姿勢から、片手のみでパンチ動作を行います。
・ごく軽い負荷を用いてすばやい動作で行なう

写真 4-115. プーリーによるプッシュ動作のエクササイズ

と、プレートが勢いよく跳ね上がったり、ケーブルがたるんでしまうことがあるので注意します。

□トレーニング条件の目安
・15回以上反復できる負荷を用いて、10回、2〜3セット実施します。

③メディシンボールを用いたプッシュ動作（写真4-116）

　メディシンボールを使用することによって、ボクシングのフックのような曲線軌道の動作に対応することができます。また、ボールを投げることができるため、ボールが手から離れるまで加速し続けることができます。

□動作
・メディシンボールを胸の横に保持した姿勢から、実際のパンチ動作を再現した動きでボールを全力で正面にプッシュする動作を行います。

□トレーニング条件の目安
・1〜2kgのメディシンボールを用いて、10回、2〜3セット実施します。

写真 4-116. メディシンボールを用いたプッシュ動作

2）キック動作

　キック動作のパフォーマンスを高めるためには、パンチと同様に、脚が相手に当たるまでの動作スピードを向上させることと、脚が相手に当たってからの衝撃力を高めること、の2つの要因が重要です。どんなにスピードの

コラム パンチ動作と筋力トレーニング（その1）

　古くから、打撃系格闘技の選手の中では、ベンチプレスを行うと「パンチのスピードが低下する」、「動きのキレが悪くなる」といった意見がよく聞かれます。確かに、高負荷を用いたベンチプレスでは、動作がゆっくりになってしまうため、パンチ動作のスピードを直接高めることは難しいといえます。また、実際のパンチ動作では、拳が相手に当たるまでは、自分の腕やグローブの重さ以外は負荷として加わっていないため、空振りに近いほとんど無負荷条件での動作スピードが要求されるのです。拳が相手に当たるまでのパンチの最大スピードを高めるためには、直接的にはシャドウ・ボクシングのように最大スピードの動作を伴うトレーニングが必要となります。

　一方、パンチ動作で拳が相手に当たった時には、急激なブレーキが加わるとともに自分が発揮したパワーが反作用として自分自身に返ってきます。相手に対して強い衝撃力を加えるためには、拳が相手に当たった時の反作用に持ちこたえるとともに、これに打ち勝ちながら、さらに力を加えていくことが必要となります。このような能力を高めるためには、打撃時の肘や肩の関節角度付近での上半身の最大筋力やパワーを向上させるとともに、下半身や体幹の支持能力や、下半身から上半身へと無駄なくパワーを伝達する能力を改善する必要があります。

あるキックを繰り出しても、相手に当たってからの反作用で跳ね返されては相手にダメージを与えることはできません。トレーニングにあたっては、蹴り脚の強化はもちろんのこと、軸足や体幹の支持力を高めることも重要です。

①アンクルウエイトによるキック動作（写真4-117）

実際のキック動作を再現した全習型エクササイズの代表例です。負荷を足首に装着することによって、足を操作する微妙な感覚が変化する可能性があるので注意します。
□動作
・足首にウエイトを装着して、実際のキック動作を行ないます。
□トレーニング条件の目安
・アンクルウエイトの重さは、実際の競技動作の感覚を損なわない範囲内にとどめ、フォームを崩さずに15〜20回反復できる程度を目安とし、10〜15回2〜3セット実施します。

写真4-117. アンクルウエイトを用いたキック動作

②ヒップマシンを用いたキック動作（写真4-118）

蹴り足のキック動作に必要な股関節周辺部の筋力強化とともに、軸足と体幹の支持力の改善や、動作中のバランス能力の向上にも効果的なエクササイズです。

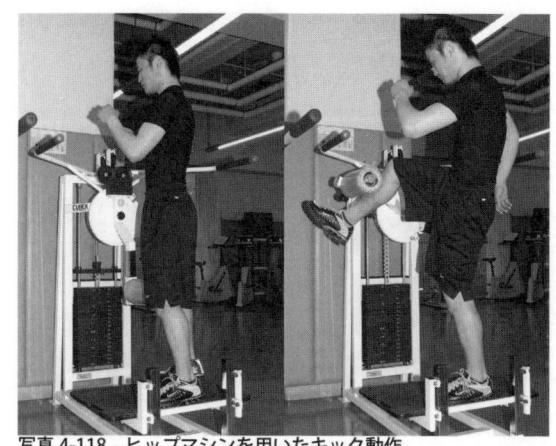

写真4-118. ヒップマシンを用いたキック動作

□動作
・トータルヒップマシンを使用し、マシンのパット部分に脚を当ててキック動作を行ないます。
・マシンのハンドルにつかまらずに動作を行なった場合には、蹴り足とともに軸足と体幹の支持力向上の効果が期待できます。
□トレーニング条件の目安
・フォームを崩さずに15〜20回反復できる程度を目安とし、10回、2〜3セット実施します。

3）フットワーク

パンチやキックのパフォーマンスを高めるためには、すばやいステップや正確なフットワークが重要となります。ここでは、打撃系格闘技にみられるステップ動作やフットワークを改善するための代表的なエクササイズを紹介します。

①サイドスクワット（写真4-119）

両脚を床に支持した状態で、重心を左右に移動する動作を再現したエクササイズです。
□動作
・バーを肩にかつぐか、プレートを胸の前に保持して、両脚を左右に開いて立ち、左右交互

写真 4-119. サイドスクワット

にしゃがむ動作を行ないます。
・両脚を斜めに開いた姿勢で行う方法や、浅めにしゃがんだ姿勢のまま左右に重心を移動する方法も効果的です。
□トレーニング条件の目安
・フォームを崩さずに 20 往復できる程度を目安とし、すばやい動作で 10 〜 15 往復、2 〜 3 セット実施します。

② マルチアングルランジ（写真 4-120）
さまざまな方向に対してすばやく踏み込む動作や、キレのある方向転換動作を養うために有効な代表的エクササイズです。
□動作
・胸の前にウエイトを保持して直立した姿勢から、片脚を前方、真横、斜め後方、後方などさまざま方向にステップし、すばやく切り返してもとの姿勢に戻る動作を行います。
・動作中には、どの方向にステップしたときにも、胸を正面に向けておくのがポイントです。
□トレーニング条件の目安
・フォームを崩さずに 20 ステップ以上反復できる程度を目安とし、できるだけすばやく 10 〜 12 ステップ、2 〜 3 セット実施します。

③ プーリーを用いたステップ動作（写真 4-121）
相手の隙をついてすばやく前方や側方に移動

コラム パンチ動作と筋力トレーニング（その 2）

ベンチプレスでは、背中がベンチでサポートされているため、下半身や体幹を支える力はあまり要求されません。このため、上半身の押す動作の筋力については効率的に高められるものの、立位でのパンチ動作にすぐに活用できるわけではないことを知っておく必要があります。例えば、ベンチプレスが 150kg 挙上できる人の場合、立った姿勢で固定されたサンドバックを 150kg の力で押したとすると、同程度の反作用の力を身体が受けることになります。上半身の押す力に見合った下半身や体幹の支持能力がない場合には、自分の発揮した押す力の反作用で、身体全体が後方に戻されてしまうことになります。これでは、せっかく努力して養成したベンチプレスの筋力が相手に対してうまく作用しないことになってしまいます。

相撲の力士の基本的なトレーニングとして、立った姿勢で柱を強く押す「鉄砲」がありますが、上半身の押す動作の筋力を強化するだけでなく、下半身から上半身へとパワーを伝達したり、相手を押した時の姿勢支持能力を高めたりする効果が期待できます。相手に対して大きな力を無駄なく発揮するための理にかなったトレーニングといえるでしょう。打撃系格闘技において、パンチが相手に当たった後の衝撃力を高めるための専門的エクササイズとしては、何といってもサンドバック打ちが代表格です。古くから経験的に行われてきたものですが、相撲における「鉄砲」と同様に、これも大変理にかなったトレーニングであるといえます。

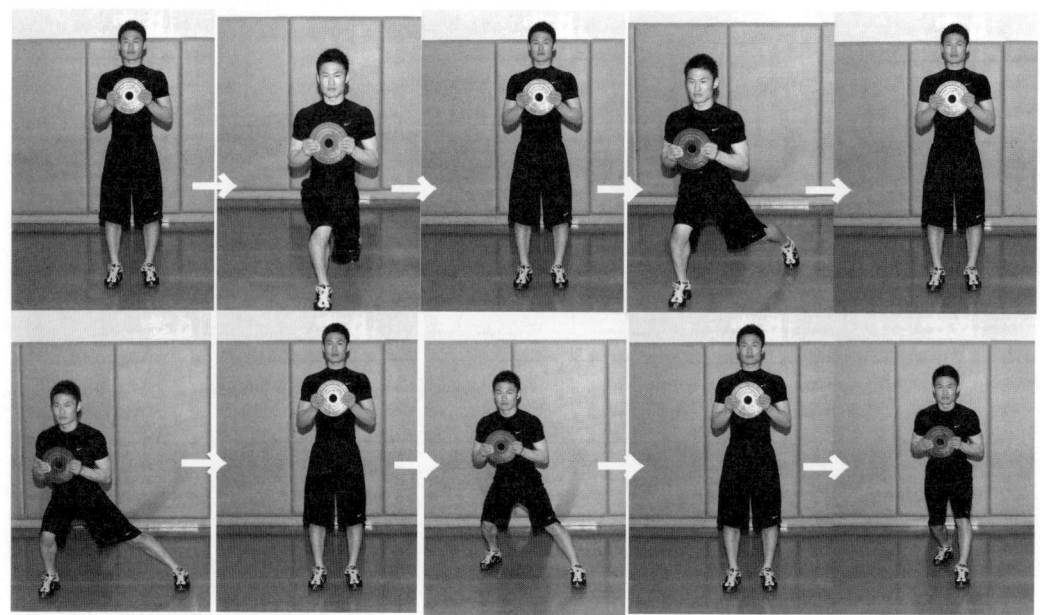

写真4-120. マルチアングルランジ

して、突きやパンチを行う能力を向上させることを目的としたエクササイズです。
□動作
・ベルトを腰に装着してプーリーのケーブルを接続し、前方や側方にすばやくステップする動作を行います。

・ケーブルが長く伸ばせるマシンを使用すれば、連続的に3～5歩のステップを行うことができます。
□トレーニング条件の目安
・実際の動作の感覚を損なわない範囲の負荷で、3～5ステップを5回、2～3セット実施します。

写真4-121. プーリーを用いたステップ動作

10. アルペンスキー

アルペンスキー競技には、滑降、スーパー・ジャイアント・スラローム（スーパーG）、回転、大回転の4つの競技があります。滑降とスーパーGは、時速100km以上の高速滑降を行いながら方向転換を行うため、ターン時には非常に大きな負荷が加わります。一方、回転や大回転の場合には、滑降競技ほどスピードは速くないものの、より小さな回転半径によるターンの頻度が多くなるため、すばやい切り返し動作や、これを連続して行う能力が必要とされます。これらのことから、滑降とスーパーGの選手には、動作中に加わる大きな負荷に耐えられるだけの十分な筋力が、回転や大回転の選手には、ターン動作で側方への切り返しをすばやく行うための筋力やパワーが必要であるといえます。

スキーの動作と関連のある専門的エクササイズとしては、ターン時に負荷が加わる方向や、ターン動作中の外側および内側の脚の使い方の特性を考慮したエクササイズが有効であり、回転競技の場合には、重心の高さを維持しながら横方向にすばやく切り返す動作を含むエクササイズが必要となります。以下に、アルペンスキーの動作における筋力の発揮特性や、負荷の加わる方向などについて考慮した専門的エクササイズの具体例を紹介します。

①ワイドスタンス・サイドスクワット（写真4-122）

低い姿勢をキープする能力を高めるとともに、スキー動作中の下肢の安定性やスキー板の操作に関わる股関節周辺の筋群を強化するためのエクササイズです。

□動作
・両脚を真横に広く開いてしゃがみ、重心の高さを低く保ったまま、左右に移動する動作を行います。つま先はつねに正面を向けておくようにします。

□トレーニング条件の目安
・20RM程度の負荷を用いて、10回2～3セット実施します。

写真4-122. ワイドスタンス・サイドスクワット

②アングルド・スクワット（外側脚支持：写真4-123、内側脚支持：写真4-124）

ターン動作中に加わる横方向からの負荷に対応するためのエクササイズです。

□動作
・壁に手を付けて横向きになり、壁に対して外側または内側の片脚のみで身体全体が斜めの姿勢になるようにして支持し、しゃがんで立つ動作を行います。

□トレーニング条件の目安

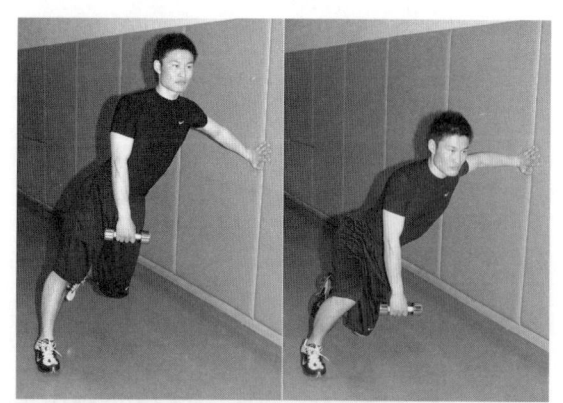

写真 4-123. アングルド・スクワット（外側脚支持）

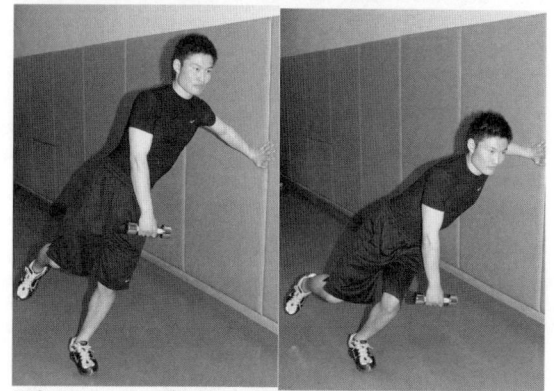

写真 4-124. アングルド・スクワット（内側脚支持）

・15RM 程度の負荷を用いて、10 回 2 ～ 3 セット実施します。
・壁につけた手で壁を押す力を加減することによって、負荷の方向や大きさを調整することができます。

③ラテラル・ボックスジャンプ（写真 4-125）
　ターンの切り返し動作のパワーや素早さを向上させることを目的としたエクササイズです。
□動作
・低めの台（30cm 以下）を準備し、台の上に両脚でしゃがんだ姿勢をとり、台の側方に跳び下りてすばやく切り返して台の上に乗る動作を左右交互に繰り返します。
・動作中には、重心の高さを一定に保つようにします。
・台から下りて切り返す動作を外側または内側の片脚のみで行う方法もあります。
・両サイドに傾斜した板を取り付けた専用の器具を使用する方法も効果的です。
□トレーニング条件の目安
・すばやい動きが正しいフォームで行える範囲のウエイトを用いて、10 回 2 ～ 3 セット実施します。

④ボックス・シャッフル（写真 4-126）
　ターンの際の外脚のキック動作の改善に重点を置いたエクササイズです。
□動作
・低めの台の側方で片脚を台にのせた姿勢から、台の外側の脚でキックして台の反対側に

写真 4-125. ラテラル・ボックスジャンプ

写真 4-126. ボックス・シャッフル

移動し、台にのせる脚を入れ換える動作をすばやく反復します。
・台の上にのせた脚はキックせず、動作中には重心の高さを常に一定に保つようにします。
□トレーニング条件の目安
・すばやい動きが正しいフォームで行える範囲のウエイトを用いて、10回2～3セット実施します。

⑤側方へのランディング・エクササイズ（写真4-127）
　ターン時に加わる大きな負荷に対する耐久力や体幹の姿勢支持力を改善することを目的としたエクササイズです。
□動作
・30～45cmの高さの台上に乗り、側方の床に両脚または片脚で着地して静止する動作を行います。
・回転や大回転の選手の場合、着地時に衝撃吸収動作を行わず、脚で床を突っ張るようにして、急激に静止するようにします。
□トレーニング条件の目安
・正しいフォームで行える範囲のウエイトを用いて、10回2～3セット実施します。
・横方向への負荷を強めたい場合には、台から離れたところに着地します。

写真4-127．側方へのランディング・エクササイズ

11．スキージャンプ

　スキージャンプは、アプローチ→踏切→空中→着地という4つの局面で構成されます。4つの局面ごとの動きや、筋力の発揮特性、負荷の加わる方向などについて考慮した専門的エクササイズについて以下に紹介します。

1）アプローチ局面
　ジャンプ台を滑り降りる局面であり、トップ選手では時速90km以上の速度に達します。空気抵抗の少ない低くしゃがみこんだクラウチング姿勢を維持するとともに、雪面との抵抗を最小限に抑えるためにスキー板を巧みにコントロールし、踏切までにより大きな速度を得ることが求められます。

①クラウチング姿勢支持（写真4-128）

写真4-128．クラウチング姿勢支持

　アプローチ局面では、強い横風を受けたり、重心位置が微妙に変化することがあり、この

ような状況下でも正しいクラウチング姿勢をキープすることを目的としたエクササイズです。

□動作
・しゃがんだ姿勢をとり、パートナーが選手のさまざまな部位に負荷をかけ、常に一定の姿勢を支持するようにします。

□トレーニング条件の目安
・5～10秒間の静止を5～10回反復します。

2）サッツ局面

サッツとは、ジャンプ台から空中へと踏み切る動作を意味します。アプローチ局面で得た速度をジャンプの飛距離に活かすためには、サッツ局面においてタイミングよく正しい角度で踏み切ることが必要とされます。風の影響（強さや向き）を考慮することも必要であり、非常に繊細な技術が要求されます。

スキージャンプの踏切角度は、斜め前上方になるため、筋力トレーニングでもこの角度を考慮することが重要です。また、スキーのジャンプ動作では、ブーツを履いているために足首の動きをほとんど使うことができません。ジャンプトレーニングの際には、足首を使ってつま先で蹴るのではなく、足首を固定して足の裏全体で蹴ることがポイントとなります。

①ロー・バー・スクワット（写真4-129）

踏切動作のパワー向上を目的としたエクサ

写真4-129．ローバー・スクワット

コラム 体力と技術～不均衡から調和へ～

あるスキージャンプの選手が、抜本的な脚筋力の向上を図るために、1年間試合への出場を見送って、筋力トレーニングに専念することにしました。その間のトレーニングでは、スクワットの挙上重量の向上に重点を置くとともに、陸上でのジャンプトレーニングを大量に行い、垂直跳びの記録を大幅に伸ばすことに成功しました。しかし、次のシーズンのスキージャンプの成績は思わしくないものでした。

スキージャンプのパフォーマンスを向上させることができなかった理由としては、二つのことが考えられます。一つは、トレーニングで実施したスクワットの際に力を発揮する方向や重心の移動方向が、実際のスキージャンプとは異なっていたことです。スクワットで立ち上がる動作では重心が真上に上昇しますが、スキージャンプの踏切局面の動作では、重心は斜め前上方に移動します。二つ目は、スキージャンプの踏切動作ではブーツを履いているために足首の動きが使えないのに対して、陸上でのジャンプトレーニングでは、足首の動きがかなり動員されていたことです。

この選手の場合、シーズン中の試合での成績は停滞したものの、シーズン後に技術練習の量を増やし、フォームの修正に取り組んだところ、翌年のシーズンでは過去最高のパフォーマンスを発揮できるようになりました。筋力トレーニングの実施によって、一時的な不調に陥ったものの、筋力トレーニングによる筋力強化は、決して無駄であったわけではなく、向上した体力に見合った新たな技術が長い期間を経て徐々に形成され、結果としてパフォーマンスの向上へと結びつくようになったのではないかと思います。

サイズです。傾斜したジャンプ台から斜め上方に飛び出す動作を行うサッツ局面では、膝の位置はほとんど変えずに臀部を前方に移動させる動作が行われるため、この動きを極力再現した動作でスクワットを行います。

□動作

・バーベルをできるだけ低い位置（肩甲骨下部付近）にかついで直立した姿勢から、膝の位置を保ったまま臀部を後方に突き出し、上半身を大きく前傾させてしゃがむ動作を反復します。

□トレーニング条件の目安

・最大挙上重量の向上を目的として高負荷低回数で行う方法と、中〜低負荷を用いて爆発的に行う方法があります。後者の場合には、フォームを崩さずに15回程度反復できる負荷を用いて5〜10回、2〜3セット実施します。

②ステップアップ（写真4-130）

　サッツ局面の下肢動作のパワー改善や、側方に対するバランス能力の改善を目的としたエクササイズです。

□動作

・台から少し離れて立ち、片脚を台にのせた姿勢から、斜め前上方に身体を移動させ、股関節と膝関節を完全に伸ばし、パートナーに上半身を支えてもらい、静止する動作を行います。

□トレーニング条件の目安

・5〜10回2〜3セット程度実施します。

③ジャンプ・アップ（写真4-131）

　サッツ局面における重心の移動方向を考慮したエクササイズです。

□動作

・台から離れてしゃがんだ姿勢から、膝と股関節を完全に伸展させて斜め前上方に跳び上がり、再び膝と股関節を曲げて台の上に乗ります。

・踏切の際には、足の裏全体で床をキックし、空中では身体全体を伸ばしきるのがポイントです。

□トレーニング条件の目安

・体重負荷にて10回2〜3セット実施します。

3）空中局面

写真4-130. ステップアップ

写真4-131. ジャンプ・アップ

ジャンプ台から飛び出してから着地するまでの局面です。飛距離を伸ばすためには、揚力を得やすい姿勢を維持することや、スキー板のV字角度のコントロールが必要となります。

①空中局面の姿勢支持エクササイズ（写真4-132）

空中での姿勢支持能力の改善を目的としたエクササイズです。
□動作
・立位で空中姿勢をとって前傾し、パートナーに肩を支持してもらう方法やパートナーに腰の位置で持ち上げてもらう方法、バランスボールを用いる方法などがあります。
・空中局面における風の影響や姿勢の変化に対応するために、パートナーが支持位置を微妙に変化させたり、バランスボールの位置を動かし、これらに対応してバランスをとる方法もあります。
□トレーニング条件の目安
・30秒間の静止を3セット程度実施します。

写真4-132. 空中局面の姿勢支持エクササイズ

②Ｖ字開脚動作のためのエクササイズ（写真4-133）

空中でスキー板をＶ字に開く動作を、正確かつ安定して行うことができるようにするためのエクササイズです。
□動作
・回転負荷を調整できる円板の上につま先を正

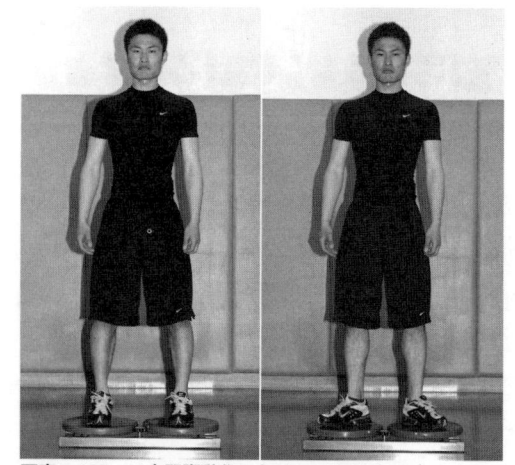

写真4-133. Ｖ字開脚動作のためのエクササイズ

面に向けて立ち、空中でスキー板を開く角度までつま先を開く動作を行います。
□トレーニング条件の目安
・30秒間の静止を2～3セット実施します。

4）着地局面

空中から雪面に着地する局面です。着地の際には、両脚を前後に開くテレマーク姿勢をとります。着地時の衝撃に耐えながら、正しい姿勢をキープする能力が必要とされます。

①ステップダウン（写真4-134）

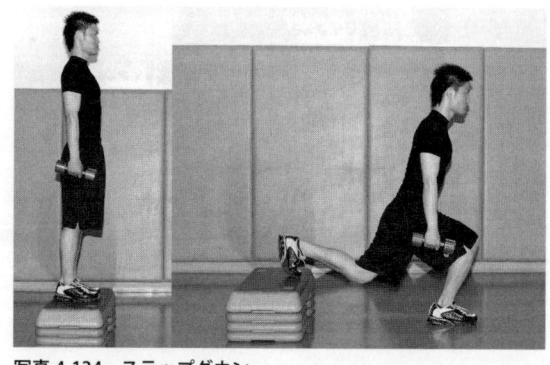

写真4-134. ステップダウン

着地動作の安定性や姿勢支持能力を改善することを目的としたエクササイズです。
□動作
・20～30cm程度の台に直立した姿勢から、片脚を床の上にステップして静止します。
□トレーニング条件の目安

第4章：実技編　スポーツ競技別の専門的エクササイズ

12. スピードスケート

写真 4-135. ランディング・エクササイズ

・フォームが崩れない範囲のウエイトを用いて、10回2～3セット実施します。

②ランディング・エクササイズ（写真 4-135）
　両脚での着地の安定性を高めることを目的としたエクササイズです。
□動作
・台の上から飛び下りて、両足を前後に開き、姿勢を崩さずに着地して静止する動作を行います。
□トレーニング条件の目安
・フォームが崩れない範囲のウエイトを用いて、5～10回2～3セット実施します。

　スピードスケート競技では、前方向への推進力を得るためにスケートのブレードを氷面に押しつけて、斜め後方に強くキックする動作を行います。また、スピードスケートの曲線コーナーの滑走時には、脚をクロスさせる動きも見られます。筋力トレーニングでは、これらの代表的な動きをふまえ、力の発揮特性や負荷の加わる方向などについて考慮したエクササイズを実施します。

①アングルド・スクワット（外側脚支持：写真4-136、内側脚支持：写真4-137）
　ターン動作中に加わる横方向からの負荷に対応するためのエクササイズです。
□動作

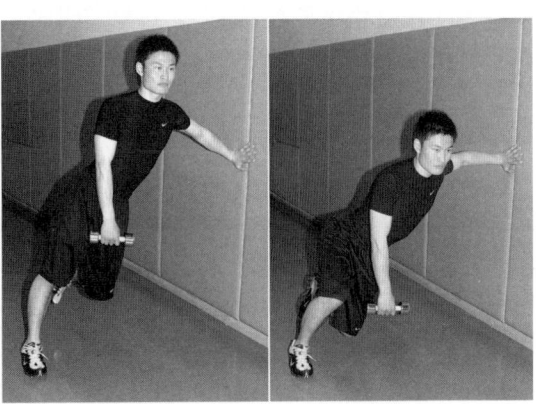

写真 4-136. アングルド・スクワット（外側脚支持）

写真 4-137. アングルド・スクワット（内側脚支持）

・壁に手を付けて横向きになり、壁に対して外側または内側の片脚のみで身体全体が斜めの姿勢になるようにして支持し、しゃがんで立つ動作を行います。
□トレーニング条件の目安
・15RM 程度の負荷を用いて、10 回 2 ～ 3 セット実施します。
・壁につけた手で壁を押す力を加減することによって、負荷の方向や大きさを調整することができます。

②斜め開脚シングルレッグ・スクワット（写真 4-138）
　スケートのキック動作中の力の発揮方向を考慮したエクササイズです。
□動作
・両手にダンベルを持って片足を台にのせ、反対側の足を斜め後方に置き、床側の脚のみで低くしゃがみ込んだ姿勢から、片脚でキックする動作を行います。

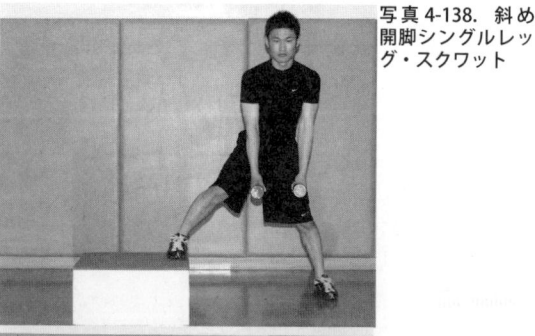

写真 4-138. 斜め開脚シングルレッグ・スクワット

・キック動作では、つま先ではなく足の内側で強く蹴るようにします。
□トレーニング条件の目安
・正しいフォームで 15 回程度反復できる負荷を用いて、10 ～ 12 回 2 ～ 3 セット実施します。

③ジグザグジャンプ（写真 4-139）
　斜め後方にキックする動作のパワーを高めることを目的としたエクササイズです。
□動作
・1 ～ 2m 間隔のラインや目標物を設置し、外側の脚で斜め前方にジグザグに跳ぶ動作を行います。
□トレーニング条件の目安
・正しいフォームで 20 回程度反復できる負荷

写真 4-139. ジグザグジャンプ

写真 4-140. クロスオーバー・ステップアップ

を用いて、10〜12回2〜3セット実施します。
・負荷を用いる場合は胸にウエイトを保持します。

④クロスオーバー・ステップアップ（写真4-140）
　曲線滑走や方向転換などの際にみられる脚をクロスさせる動作の特性を考慮したエクササイズです。
□動作
・胸の前にウエイトを保持して、低めの台の斜め後方からクロスステップで台に上り、反対側に下りる動作を左右交互に繰り返します。
□トレーニング条件の目安
・正しいフォームで20回程度反復できる負荷を用いて、10〜12回2〜3セット実施します。

⑤クロスステップ・ジャンプ（写真4-141）
　脚をクロスさせる動作中の外側と内側の脚の力の発揮方向を考慮したエクササイズです。
□動作
・低いしゃがみ姿勢をキープしながら、クロスステップで横方向に対して左右交互にジャンプ動作を行います。
□トレーニング条件の目安
・正しいフォームで20回程度反復できる負荷を用いて、10〜12回2〜3セット実施します。
・負荷を用いる場合は胸にウエイトを保持します。

写真 4-142. コーナー局面をシュミレートしたエクササイズ

⑥コーナー局面をシミュレートしたエクササイズ（写真4-142）
　脚をクロスさせる動作中の重心位置や力の発揮方向を考慮し、実際の動作をシミュレートしたエクササイズです。
□動作
チューブや帯を腰に付け、これを補助者に横方向で支持してもらいながら、低いしゃがみ

写真 4-141. クロスステップ・ジャンプ

姿勢をキープして側方にクロスステップで移動する動作を行います。
□トレーニング条件の目安
・15〜20ステップ、2〜3セット実施します。

13. カーレース

　カーレースのレーシングドライバーの専門的エクササイズとしては、運転操作に必要とされる動きの筋力・パワーを向上させることが必要です。特に、ハンドル操作やペダル動作については、実際の動きをシミュレートしたトレーニング動作を採り入れるとともに、レース中に加わる負荷の大きさを考慮した条件でトレーニングを行うことが大切です。
　第二に、走行中に加わる重力加速度への対応のためのトレーニングが必要です。特に首周辺や体幹の筋群については、横方向からの大きな負荷に対して姿勢を保持する筋力を高めるトレーニングを行うことが不可欠です。

1） ハンドル操作
①前腕の回内・回外動作（回内動作：写真4-143、回外動作：写真4-144）
　ハンドル操作際に見られる前腕のひねり動

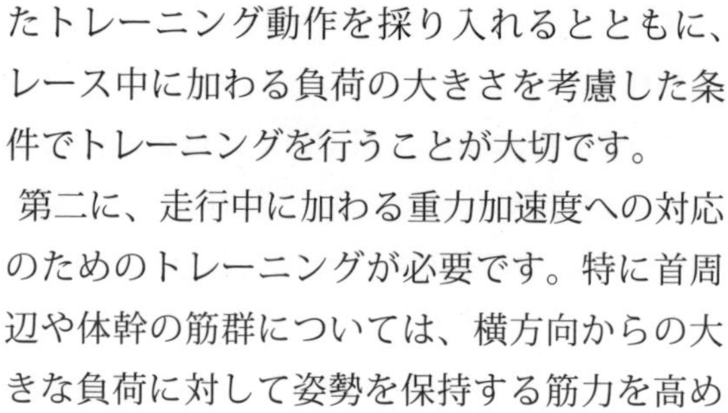

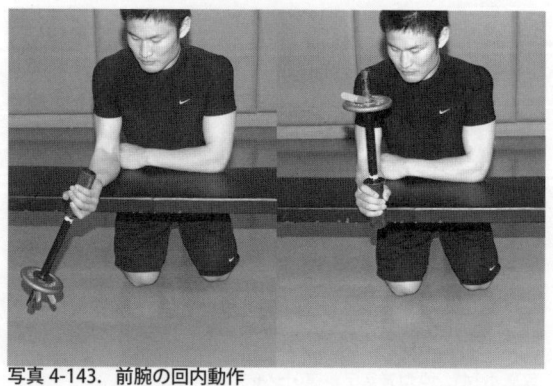

写真4-143．前腕の回内動作

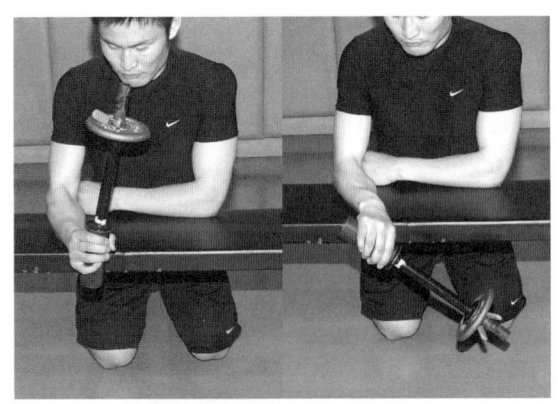

写真 4-144. 前腕の回外動作

作（回内・回外動作）を強化するためのエクササイズです。
□動作
・片側のみにウエイトを付けたダンベル（レバレッジバー）を用いて、外側から内側または内側から外側へと前腕を回旋する動作を行います。
・身体の姿勢や肘の位置は、できるだけ実際の姿勢に近い状態で行います。
□トレーニング条件の目安
・15回反復できる負荷を用いて10～15回2～3セット実施します。

②ハンドル操作のシミュレーション（写真4-145）
ハンドル操作を再現した全習型エクササイズです。
□動作
・ハンドルを回す動きに負荷を加えるこ

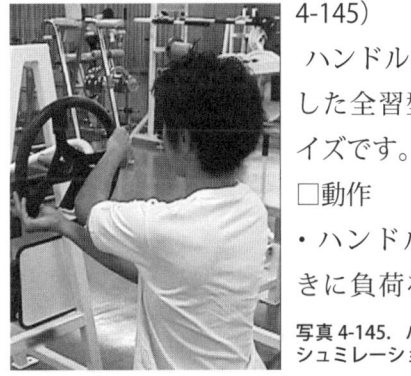

写真 4-145. ハンドル操作のシュミレーション

コラム レーシングドライバーに要求される身体能力（その1）

　レーシングドライバーがレース中に行う代表的な動きは、ハンドル操作とペダル動作の2つであり、他のスポーツ種目の動作と比べると、非常に限定されたものとなっています。しかし、ドライバーは、高速走行中に発生する大きな重力加速度に打ち克ちながら受動的に力を発揮しており、実際には外見以上に強い筋活動を行っていることになります。

　レーシングカーの場合、スピードが速くなればなるほど、空気抵抗によって車体を下方向に押さえつける力(ダウンフォース)が働くことや、幅の広いタイヤを使用することなどから、タイヤと路面との摩擦が大きく、ハンドルを回す際には30kg程度の力が必要であるといわれています。また、ペダル動作についても、一般車に比べて大きな力を必要とし、車種によって異なりますが、クラッチの踏力は20kg程度必要であるといわれています。

　一方、コーナリングの際には、5秒程度の間、横方向へ最大4G程度の大きな重力加速度が加わります。ドライバーの胴体は、シートベルトによって固定されており、前後方向への抵抗や衝撃に対しては固定が図られていますが、横方向についてはシートベルトの効果が十分に期待できないため、自分自身の筋力で正しい姿勢を保持し続けることが要求されます。特に、シートベルトで固定することができない頭部については、コーナリングの際に、横方向への大きな負荷が加わることになります。また、頭部だけでなくヘルメットの重さも負荷として作用するため、首の筋肉が20~30kg以上の力を発揮しなければ、頭部を固定することができないといわれています。

　頭部がしっかり固定できないことは、眼の位置の不安定につながり、正しい視点を維持することができないことがドライビングテクニックの低下にも影響すると考えられています。また、頭部が正しいポジションを維持できずに動いてしまうことは、首の筋群が伸張性収縮を行うことにつながって筋へのダメージが大きくなり、これがレース後半のスタミナ低下にもつながると思われます。

とができるマシンを使用して、ハンドル操作の動作を行います。
□トレーニング条件の目安
・ハンドル操作の際に実際に加わる負荷（30kg程度）よりもやや重めの負荷を用いて、10〜15回、2〜3セット実施します。

2）ペダル動作

①ホリゾンタル・レッグプレス（写真4-146）

写真4-146．ホリゾンタル・レッグプレス

　ペダルを踏み込む動作の筋力強化を目的としたエクササイズです。
□動作
・水平式のレッグプレスマシンに座り、上半身の角度や膝および股関節の角度を実際の運転姿勢にできるだけ近いポジションになるように、片足をペダルに載せて構えた姿勢から、実際のペダルを踏み込む動作を再現した動きを行います。
□トレーニング条件の目安
・実際に加わる負荷（クラッチ踏力はおよそ20kg程度）よりもやや重めの負荷を用いて、10〜15回、3セット程度実施します。

②レッグ・プル（写真4-147）

　踏み込んだペダルを戻す動作の筋力強化と動作の安定性を高めることを目的としたエクササイズです。
□動作
・実際の運転姿勢にできるだけ近いポジションになるようにして、片足のつま先をプーリーのアタッチメントに固定し、股関節と膝関節を使って引く動作を行います。
□トレーニング条件の目安
・15回程度正しい動作で反復できる負荷を用いて、10〜12回2〜3セット実施します。

写真4-147．レッグ．プル

③股関節の内旋・外旋（股関節内旋：写真4-148、股関節外旋：写真4-149）

　ペダル動作の安定性を高めるために効果的なエクササイズです。また、右足でアクセルとクラッチを踏み換える動作が必要な車を運転する場合には、このような股関節の回旋動作を頻繁に反復することが要求されます。
□動作
・膝をやや曲げた姿勢でつま先にプーリーのアタッチメントやチューブを固定し、外側から内側、または内側から外側へと股関節を回旋させる動作を行います。
□トレーニング条件の目安
・15回程度正しい動作で反復できる負荷を用いて、10〜12回2〜3セット実施します。

④トゥーレイズ（写真4-150）

　つま先を上げてペダルを上げる動作のための

第4章：実技編　スポーツ競技別の専門的エクササイズ

写真4-148. 股関節の内旋

写真4-149. 股関節の外旋

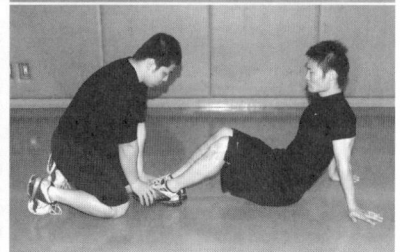

写真4-150. トゥ・レイズ

エクササイズです。

□動作
・膝を軽く曲げて長座姿勢をとり、足の甲の部分に負荷を加えた状態で、つま先を持ち上げる動作（背屈動作）を行います。

□トレーニング条件の目安
・この動作には筋持久力が要求されるため、反復回数は多めに設定すると効果的です。正しい動作が行える負荷を用いて30～50回、2～3セット実施します。

3）体幹の姿勢保持

①横向き姿勢保持（写真4-151）

コーナリングの際に横方向から加わる負荷に対して、上半身の姿勢を一定に保つ能力を高めるためのエクササイズです。

コラム レーシングドライバーに要求される身体能力(その2)

実際のレース(F3クラス)において、走行中の心拍数を測定すると、競技時間の35~40分の間、1分あたり平均170拍の値を示します。この平均心拍数は、ペースの速い持久走の運動強度に相当するものであり、レース中に加わる負荷に持ちこたえるために静的な筋活動を行ったことと、高速走行に伴う精神的な緊張や興奮によって、アドレナリンをはじめとするカテコールアミンが多く分泌されたことが原因となっていると考えられています。このようなレース中の高い心拍数に対応するためには、心肺持久性(特に酸素摂取能力)を養成するとともに、強い緊張や興奮の状態を的確にコントロールするためのメンタル面のトレーニングも必要となります。

一方、ドライバーは、非常に過酷な環境にさらされています。走行中のコックピット内は夏場には摂氏50度近い高温になるため、多くの水分が消費され、レース後には2~3kgの体重が減るといわれています。また、F1では、平均速度230km/h、最高速度が300km/hを超え、これを90~120分間維持し続けることが要求されます。レーシングドライバーには、このような高速走行下において、長時間にわたって集中力を持続する能力が要求されるとともに、素早い反応動作を反復したり、眼の機能を酷使することによる、脳や神経系の強い疲労にも対応できる能力が必要となります。脳や神経系の疲労が強まると、素早い反応や正しい判断ができなくなるとともに、パフォーマンスが低下し、事故が発生する危険性も高まることにつながります。

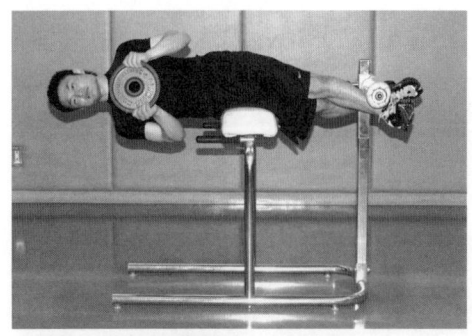

写真4-1521 横向き姿勢支持

・横向きの姿勢になって、下半身をローマンベンチや高さのあるベンチに固定し、上半身のまっすぐの姿勢を維持します。
□トレーニング条件の目安
・走行するコーナーの通過時間や回数などを考慮して条件を設定しますが、通常10～20秒間の静止を5秒間の休息をはさんで5～10回、2～3セット実施します。

②バランスボードを用いた姿勢保持（写真4-152）

写真4-152. バランスボードを用いた姿勢支持

　走行中に加わるさまざまな方向からの負荷に対して、バランスをとりながら一定の着座姿勢を保持するための代表的なエクササイズです。
□動作
・バランスボードの上に膝と股関節をやや曲げた姿勢で座り、一定姿勢を保持します。
・パートナーにバランスボードをランダムな方向に左右に傾けてもらい、これに対して姿勢をコントロールする方法も効果的です。
□トレーニング条件の目安

・30秒間の静止を3～5セット実施します。

4）頭部の姿勢保持

①シーティッド・ネック・サイド・フレクション（写真4-153）

　コーナリングの際に頭部に横方向から加わる負荷に対して、頭部を一定の姿勢に保つ能力を高めるためのエクササイズです。ベンチに横向きに寝た姿勢で行うのではなく、座った姿勢で行うことによって、頸部とともに体幹部の姿勢保持能力の改善にも役立ちます。
□動作
・ベンチに座った姿勢で、パートナーに頭部の横方向から負荷をかけてもらい、これに対して一定姿勢を保持します。
□トレーニング条件の目安
・5秒間の静止を10回2～3セット実施します。

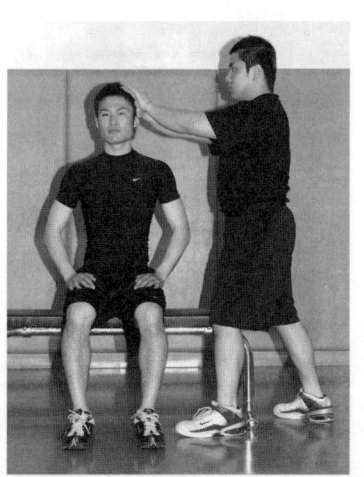

写真4-153. シーティッド・ネック・サイド・フレクション

付録：スポーツ選手の基盤をつくる代表的な一般的エクササイズ

　専門的エクササイズの効果的な実践にあたっては、一般的エクササイズを用いて、専門とするスポーツ競技に必要なレベルの筋肉量と各部位の最大筋力を効率良く高めておくことが必要です。主要エクササイズの筋力目標値の目安については、第1章をご参照ください。補助エクササイズについては、各部位のバランスを考慮して適宜採用します。ここでは、スポーツ選手に推奨される一般的エクササイズの代表例を紹介します。

1. 主要エクササイズ

①ベンチ・プレス

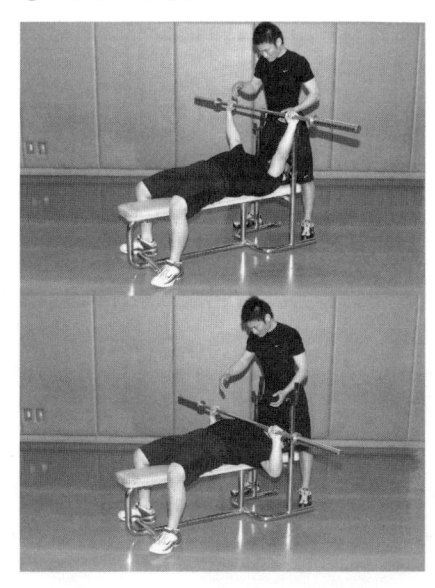

使用器具：ベンチプレス用ベンチ、バーベル
使用部位：大胸筋、三角筋前部、上腕三頭筋、前鋸筋
補助：バーを保持して補助を行う。
呼吸法：バーを下ろす局面で息を吸い、バーを上げる局面で息を吐く。
動作：
□バーの真下に目がくるポジションに仰向けになるようにベンチに仰向けになり、肩幅よりやや広めにバーを握り、肩の真上に保持して開始姿勢をとる。
□ゆっくりとバーを胸に下ろし、開始姿勢まで挙上する。

②スクワット

使用器具：スクワットラック（パワーラック）、バーベル
使用部位：大腿四頭筋、大臀筋、脊柱起立筋群
補助：バーの両側に一名ずつ立ちバーの両端を保持して挙上する。
呼吸法：しゃがむ局面で息を吸い、立ち上がる局面で息を吐く。
動作：
□バーをかついでラックからはずし、両足を肩幅または、肩幅よりやや広めに開き、つま先は正面よりもわずかに外側に向けて立つ。
□臀部を後方に突き出して上体を前傾させながら、膝と股関節を同時に曲げて、大腿部の上端部が床と平行になるところまでしゃがむ。
□膝と股関節を同時に伸展させて、上体を起こしながら立ち上がる。
□動作中には、腰を丸めたり反らせたりせず、常に正しい姿勢を保つようにする。
□膝がつま先よりも前に出たり、内側に入ったりしない。

③パワークリーン

使用器具：バーベル（回転式）、ラバープレート、プラットフォーム
使用部位：下肢のキック動作と上肢のプル動作に関わる多く筋群を動員
主な効果：キック動作やプル動作の爆発的パワー向上、下肢から上肢へとパワーを効率よく伝達す

る能力の改善
呼吸法：開始姿勢で息を吸って止めたまま挙上し、下ろす局面で息を吐く。
動作：
□両足を腰幅程度に開き、バーの真下に拇指球がくる位置に立つ。つま先はやや外側に向けておく。
□臀部を後方に引いて膝を曲げてしゃがんだ姿勢をとり、両腕が膝の外側にくるようにして、肩幅よりやや広めにバーを握る。
□足で床を強く蹴って膝と股関節を勢いよく伸ばし、肩をすくめて肘で先導するようにして、バーを肩の高さまで挙上し、肘を回転させて手首を返して肩の高さでバーをキャッチする。
□バーをキャッチした後には、いったん立ち上がり、直立姿勢を保ったままバーを大腿部の前まで下ろし、しゃがむ動作を行いながら開始姿勢に戻る。
□動作中には、腰を丸めたり反らせたりせず、常に正しい姿勢を保つようにする。
□バーの軌道が身体から離れないようにする。

2．補助エクササイズ
1）胸部のエクササイズ
①インクライン・ベンチプレス

使用器具：インクラインベンチ、バーベル
使用部位：大胸筋（上部）、三角筋前部、上腕三頭筋
補助：バーを保持して補助を行う。
呼吸法：バーを下ろす局面で息を吸い、バーを上げる局面で息を吐く。
動作：
□インクラインベンチに仰向けになり、肩幅より広めのグリップでバーを握り、肩の真上にバーを保持した姿勢から、ゆっくりと胸の上に下ろし、開始姿勢まで押し上げる。

②ダンベル・フライ
使用器具：フラットベンチ、ダンベル
使用部位：大胸筋、三角筋前部
補助：挙上者の前腕の部分を保持して補助を行う。

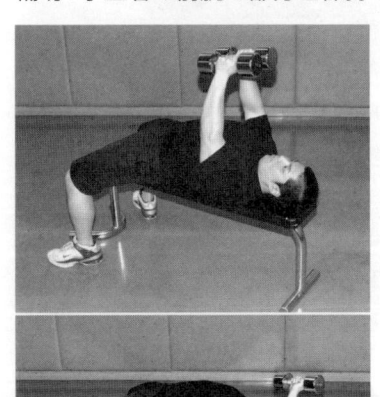

呼吸法：ダンベルを下ろす局面で息を吸い、ダンベルを上げる局面で息を吐く。
動作：
□手のひらが内側にくるようにしてダンベルを肩の上に保持し、肘をわずかに曲げたまま、ダンベルを横方向に円軌道を描くようにして下ろす。ダンベルを下ろした時には、肩、肘、手首を結ぶ線が身体の長軸に対して垂直になるようにする。
□ダンベルを下ろした時と同じ軌道で、ダンベルを開始姿勢まで挙上する。

2）上背部のエクササイズ
①ベントオーバー・ロウ

使用器具：バーベル
使用部位：広背筋、僧帽筋、菱形筋
呼吸法：バーを上げる局面で息を吸い、バーを下ろす局面で息を吐く。
動作：
□肩幅のスタンスで、バーを肩幅よりやや広めに握る。
□臀部を後方に引いて膝を曲げ、上半身を前傾させた開始姿勢をとる。
□肩甲骨を内側に引き寄せて胸を張り、バーを腹部に引き上げ、ゆっくりと下ろして開始姿勢に戻る。
□動作中には、一定の姿勢を維持し、肘が外側に開かないように注意する。

②ワンハンド・ダンベル・ロウ

使用器具：フラットベンチ、ダンベル
使用部位：広背筋、僧帽筋、菱形筋
呼吸法：ダンベルを上げる局面で息を吸い、下ろす局面で息を吐く。
動作：
□片手にダンベルを持ち、反対側の手と膝をフラットベンチの上にのせ、上体を床とほぼ平行に保つ。
□ダンベルを片手にぶら下げて肘を伸ばし、手のひらが内側を向くようにして静止した姿勢から、肩甲骨を内側に引き寄せて胸を張り、ダンベルを腹部の横に引き上げる。
□十分にダンベルを引いた後、ダンベルをゆっくりと下ろして開始姿勢に戻る。

③シーティッド・ロウ
使用器具：プーリー
使用部位：広背筋、僧帽筋、菱形筋
呼吸法：引く動作局面で息を吸い、戻す動作局面で息を吐く。
動作：
□マシンのハンドルを握り、足をフットペダルに置いて、ハンドルを引きながらシートにすわる。
□膝を軽く曲げて上体を直立させ、肘を伸ばした姿勢から、肩甲骨を内側に引き寄せて胸を張り、ハンドルを腹部に引きつけ、ゆっくりとハンドルを開始姿勢まで戻す。

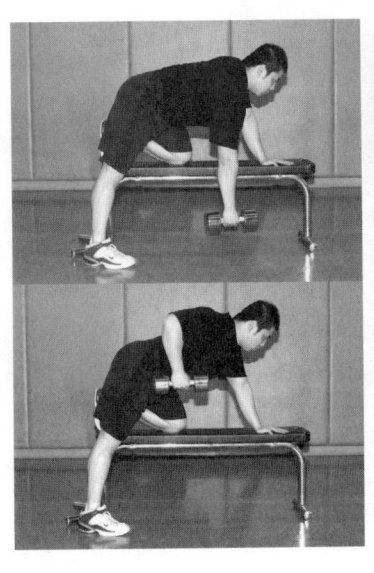

④ラット・プルダウン

使用器具：ラット・プルダウン用マシン
使用部位：広背筋、大円筋
呼吸法：引く動作局面で息を吸い、戻す動作局面で息を吐く。
動作：
□バーを肩幅よりやや広めに握り、腕を伸ばしてバーを引きながらシートにすわり、上体をやや後傾させてバーの真下に鎖骨がくるようにして開始姿勢をとる。
□肘を外側から体側に引きつけるようにしながら、胸を張ってバーを鎖骨まで引き下ろし、ゆっくりと開始姿勢に戻る。

3）肩部のエクササイズ
①シーティッド・ショルダー・プレス

使用器具：パワーラックとベンチ、バーベル
使用部位：三角筋、上腕三頭筋
補助：バーを保持して補助を行う。
呼吸法：バーを挙上する局面で息を吐き、下ろす局面で息を吸う。

動作：
□肩幅よりやや広めにバーを握り、補助者のサポートを受けながらバーを頭上に上げた姿勢から、バーを耳たぶの下端の高さまで下ろして挙上する動作を行う。

②サイド・レイズ

使用器具：ダンベル
使用部位：三角筋（中央部及び前部）
呼吸法：ダンベルを挙上する局面で息を吸い、下ろす局面で息を吐く。
動作：
□両手にダンベルを持って直立した姿勢から、ダンベルを横方向に肩と同じ高さまで上げ、ゆっくりと開始姿勢に戻る。

③ショルダー・シュラッグ

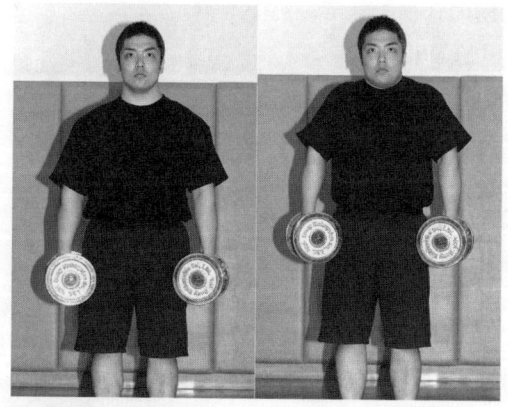

使用器具：ダンベル
使用部位：僧帽筋
呼吸法：ダンベルを挙上する局面で息を吸い、下ろす局面で息を吐く。

動作：
□両手にダンベルを保持して直立し、肩甲骨を挙上して肩をすくめ、ゆっくりと下ろす動作を行う。

4）腕部のエクササイズ
①バーベル・カール

使用器具：バーベル
使用部位：上腕二頭筋
呼吸法：バーを挙上する局面で息を吐き、下ろす局面で息を吸う。
動作：
□バーベルを肩幅よりやや広めの逆手のグリップで握り、肘の位置を固定した状態で肘を曲げてバーベルを挙上し、ゆっくりと下ろす動作を行う。

②ライイング・トライセプス・エクステンション
使用器具：フラットベンチ、バーベル
使用部位：上腕三頭筋

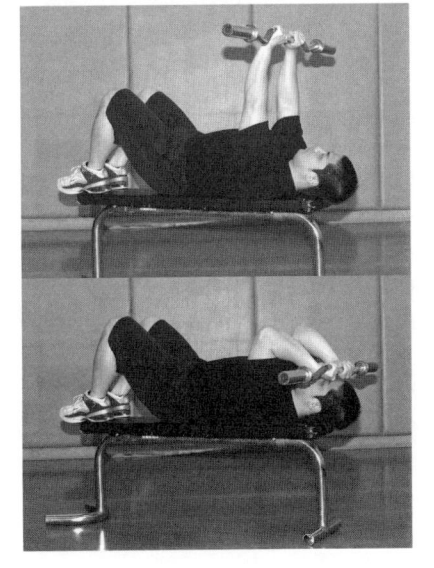

補助：バーを保持して補助を行う。
呼吸法：バーを挙上する局面で息を吐き、下ろす局面で息を吸う。
動作：
□ベンチに仰向けになってバーを胸の上に保持した姿勢から、肘を曲げてバーを額の上へ下ろし、挙上する動作を行う。

③トライセプス・プレスダウン

使用器具：ラットマシン、プーリー
呼吸法：バーを押し下げる局面で息を吐き、元に戻す局面で息を吸う。
動作：
□両手幅をこぶし一つ分程度開いてバーを握り、肘を固定した状態で肘を伸ばしてバーを押し下げ、ゆっくりともとの姿勢に戻る。

5）下肢のエクササイズ
①レッグ・プレス
使用器具：レッグプレスマシン
使用部位：大腿四頭筋、大臀筋
呼吸法：挙上する局面で息を吐き、下ろす局面で息を吸う。

動作：
□マシンのシートにすわり、両脚を肩幅程度に開いてボードに固定し、ゆっくりとボードを下ろして挙上する動作を行う。

②レッグ・エクステンション

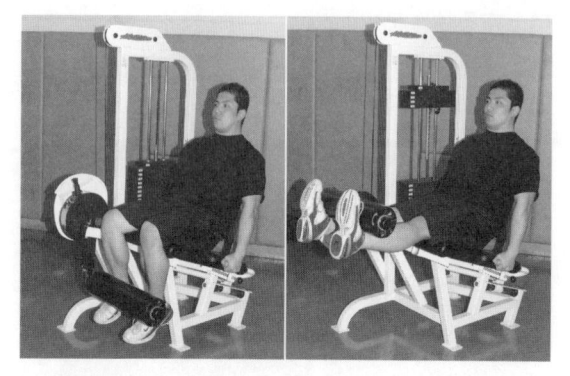

使用器具：レッグ・エクステンションマシン
使用部位：大腿四頭筋
呼吸法：挙上する局面で息を吐き、下ろす局面で息を吸う。
動作：
□マシンのシートにすわり、パッドに脚部を固定した姿勢で、膝を伸ばす動作を行い、ゆっくりともとの姿勢にもどる。

③レッグ・カール

使用器具：レッグ・カールマシン
使用部位：ハムストリングス
呼吸法：挙上する局面で息を吐き、下ろす局面で息を吸う。
動作：
□マシンのシートにうつぶせになり、パッドに脚部を固定した姿勢で、膝を曲げる動作を行い、ゆっくりともとの姿勢にもどる。

④スティッフレッグド・デッドリフト

使用器具：バーベル
使用部位：ハムストリングス、大臀筋
呼吸法：挙上する局面で息を吐き、下ろす局面で息を吸う。
動作：
□腰幅程度のスタンスで、バーを肩幅よりやや広めに保持し、膝を少し曲げて固定した姿勢で、股関節のみを曲げて上半身を前傾させながら、バーを下ろして挙上する動作を行う。
□動作中には、つねに腰背部の一定の姿勢を保つ。
□バーの軌道は身体のすぐ近くを通るようにする。

⑤スタンディング・カーフレイズ
使用器具：マシンまたはダンベル
使用部位：腓腹筋
呼吸法：挙上する局面で息を吐き、下ろす局面で息を吸う。
動作：
□マシンのフットプレートに腰幅程度のスタンスで前足部をのせ、マシンのパットに肩を付けて膝を伸ばして直立し、かかとを十分に下げた姿勢から、かかとをできるだけ高く持ち上げ、ゆっくりと下ろす動作を行う。

付　録

□マシンがない場合には、階段や台などに前足部を固定して、体重負荷でトレーニングを行うことも可能。片足のみで行ったり、ダンベルを片手に保持したりすることによって、負荷を強めることができる。

6) 体幹の代表的なエクササイズ
①シットアップ
使用器具：腹筋台
使用部位：腹直筋、股関節屈筋群
呼吸法：上体を起こす局面で息を吐き、下ろす局面で息を吸う。
動作：
□腹筋台や床の上に仰向けになり、膝を直角程度に曲げて足を固定した姿勢から、腰を腹筋台のシートにつけたまま、みぞおちをへそに近づけるようにして腰背部を丸め、次いで、腰を上げて上半身全体を起こす。
□下ろす時には、腰背部を丸めたまま腹筋台のシートに腰を付け、次いでゆっくりと腹直筋を伸ばしながら背中全体をシートに付けていく。

②バックエクステンション

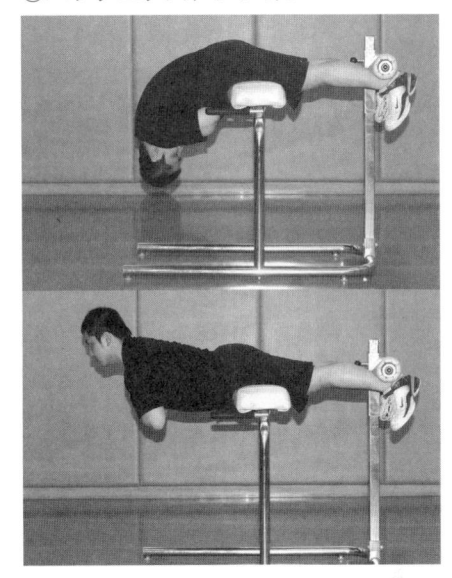

使用器具：ローマンベンチまたは高さのあるベンチ
使用部位：脊柱起立筋群
呼吸法：上体を起こす局面で息を吸い、下ろす局面で息を吐く。
動作：うつ伏せの姿勢でベンチに下半身を固定し、腰背部を丸めた姿勢から、上背部がやや弓なりになる姿勢まで上半身を起こし、ゆっくりともとの姿勢に戻る。

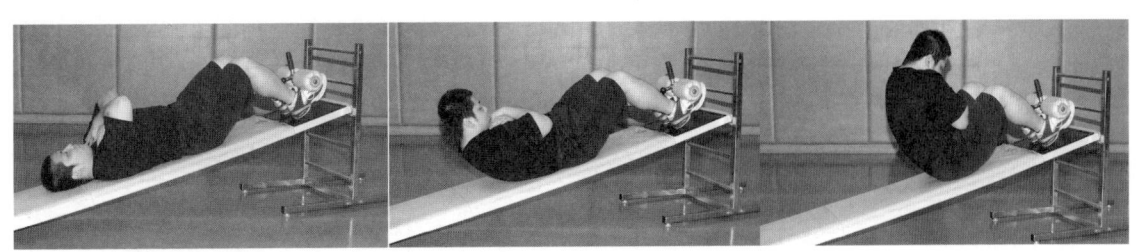

参考文献

1）有賀誠司：競技スポーツのためのウエイトトレーニング，体育とスポーツ出版社，２００１年．

2）有賀誠司：自分でつくる筋力トレーニングプログラム，山海堂，２００４年．

3）有賀誠司：ゼロからはじめる筋トレプログラムの作り方，山海堂，２００５年．

4）有賀誠司：パフォーマンスに活かす筋力トレーニング２専門的筋力トレーニング・実施上の注意点，月刊トレーニングジャーナル，ブックハウスエイチディ，２００１年２月号．

5）有賀誠司：パフォーマンスに活かす筋力トレーニング３専門的筋力トレーニングの負荷手段を整理する，月刊トレーニングジャーナル，ブックハウスエイチディ，２００１年３月号．

6）有賀誠司：パフォーマンスに活かす筋力トレーニング４競技動作の分析とトレーニング動作の決定，月刊トレーニングジャーナル，ブックハウスエイチディ，２００１年４月号．

7）有賀誠司：パフォーマンスに活かす筋力トレーニング５専門的筋力トレーニングの条件設定，月刊トレーニングジャーナル，ブックハウスエイチディ，２００１年５月号．

8）有賀誠司：パフォーマンスに活かす筋力トレーニング６柔道選手のための専門的筋力トレーニング，月刊トレーニングジャーナル，ブックハウスエイチディ，２００１年６月号．

9）有賀誠司：スポーツ競技に活かすウエイトトレーニング第１回，ウエイトトレーニングはなぜ必要か？，月刊ボディビルディング，体育とスポーツ出版社，１９９９年１２月号．

10）有賀誠司：スポーツ競技に活かすウエイトトレーニング第２回，スポーツパフォーマンスを高めるためのウエイトトレーニング，月刊ボディビルディング，体育とスポーツ出版社，２０００年１月号．

11）有賀誠司：スポーツ競技に活かすウエイトトレーニング第３回，スポーツ選手のトレーニング計画，月刊ボディビルディング，体育とスポーツ出版社，２０００年２月号．

12）有賀誠司：スポーツ競技に活かすウエイトトレーニング・実践編第１部・第１回，柔道選手のための専門的トレーニング，月刊ボディビルディング，体育とスポーツ出版社，２００１年４月号．

13）有賀誠司：スポーツ競技に活かすウエイトトレーニング・実践編第１部・第２回，バスケットボール選手のための専門的トレーニング，月刊ボディビルディング，体育とスポーツ出版社，２００１年５月号．

14）有賀誠司：スポーツ競技に活かすウエイトトレーニング・実践編第１部・第３回，レーシングドライバーのための専門的トレーニング，月刊ボディビルディング，体育とスポーツ出版社，２００１年６月号．

15）有賀誠司：スポーツ競技に活かすウエイトトレーニング・実践編第２部・第１回，スプリント能力を高めるためのウエイトトレーニング，月刊ボディビルディング，体育とスポーツ出版社，２００２年７月号．

16）有賀誠司：スポーツ競技に活かすウエイトトレーニング・実践編第２部・第２回，野球の投打動作のためのウエイトトレーニング，月刊ボディビルディング，体育とスポーツ出版社，

２００２年８月号．

１７）有賀誠司：スポーツ競技に活かすウエイトトレーニング・実践編第２部・第３回，バレーボール選手のためのウエイトトレーニング，月刊ボディビルディング，体育とスポーツ出版社，２００１年６月号．

１８）有賀誠司：スポーツ競技に活かすウエイトトレーニング・実践編第３部・第１回，打撃系格闘技のための専門的エクササイズ，月刊ボディビルディング，体育とスポーツ出版社，２００４年８月号．

１９）有賀誠司：スポーツ競技に活かすウエイトトレーニング・実践編第３部・第２回，スキーとスケート競技のための専門的エクササイズ，月刊ボディビルディング，体育とスポーツ出版社，２００４年９月号．

２０）有賀誠司：スポーツ競技に活かすウエイトトレーニング・実践編第３部・第３回，スポーツ競技・動作別の専門的エクササイズ例（前編），月刊ボディビルディング，体育とスポーツ出版社，２００４年１０月号．

２１）有賀誠司：スポーツ競技に活かすウエイトトレーニング・実践編第３部・第４回，スポーツ競技・動作別の専門的エクササイズ例（後編），月刊ボディビルディング，体育とスポーツ出版社，２００４年１１月号．

２２）有賀誠司：高校生アスリートのためのパフォーマンスアップの筋トレ第１回，専門的エクササイズの導入にあたって，コーチングクリニック，ベースボールマガジン社，２００６年１月号．

２２）有賀誠司：高校生アスリートのためのパフォーマンスアップの筋トレ第２回，スプリント動作，コーチングクリニック，ベースボールマガジン社，２００６年２月号．

２２）有賀誠司：高校生アスリートのためのパフォーマンスアップの筋トレ第３回，ジャンプ力の向上，コーチングクリニック，ベースボールマガジン社，２００６年３月号．

２２）有賀誠司：高校生アスリートのためのパフォーマンスアップの筋トレ第４回，投げる動作と打つ動作・オーバーヘッド動作改善のための上肢のエクササイズ，コーチングクリニック，ベースボールマガジン社，２００６年４月号．

写真モデル：小山孟志、小野祐希、福本竜太郎

著者紹介

有賀 誠司（あるが せいじ）

東海大学スポーツ医科学研究所准教授

１９６２年 東京都生まれ
１９８７年 東海大学大学院修士課程体育学研究科修了
　現在、筋力トレーニングの方法や指導に関する研究・教育活動に従事するとともに、国内最大規模の東海大学トレーニングセンターにて、学内20以上の競技団体のスポーツ選手に対するトレーニングやコンディショニングの指導・統括を行う。
　国立スポーツ科学センター客員研究員、全日本柔道連盟強化委員（男女体力トレーニング統括）、日本トレーニング指導協会理事。
　競技選手としては、１９９１年と１９９３年のボディビル・アジア選手権で、準優勝の成績を収めている。

主要著書
「競技スポーツのためのウエイトトレーニング」体育とスポーツ出版社、２００２年
「自分でつくる筋力トレーニングプログラム」山海堂、２００４年
「ゼロからはじめる筋トレプログラムの作り方」山海堂、２００５年
「フィットネスインストラクターのための筋力トレーニング研修指導マニュアル」日本プランニングシステム、２００５年
「パワー獲得トレーニング・よくわかるプライオメトリクス」新星出版、２００７年
「筋トレバイブル　小中高校生編」ベースボールマガジン社、２００７年

著者ホームページ http://www.seiji-aruga.jp/

競技スポーツ別　ウエイトトレーニングマニュアル

2007年8月31日　初版発行
著　者　　有賀誠司
発行者　　橋本雄一
発行所　（株）体育とスポーツ出版社
〒101-0054　東京都千代田区神田錦町2-9　大新ビル4階
電話 03-3291-0911　ＦＡＸ 03-3293-7750
e-mail:eigyobu@taiiku-sports.co.jp
印刷所　図書印刷
©2007　S.ARUGA Printed in Japan
落丁・乱丁は弊社にてお取り替え致します
ISBN978-4-88458-211-1　C3075 ¥1500E